重庆 什么是

星球研究所 _ 著

中信出版集团 | 北京

图书在版编目（CIP）数据

什么是重庆 / 星球研究所著. —— 北京：中信出版
社，2023.12（2024.3 重印）
ISBN 978-7-5217-5954-9

Ⅰ. ①什… Ⅱ. ①星… Ⅲ. ①地理－重庆－普及读物
Ⅳ. ①K927.19-49

中国国家版本馆CIP数据核字(2023)第154116号

什么是重庆
著　者：星球研究所
出版发行：中信出版集团股份有限公司
　　　　　（北京市朝阳区东三环北路27号嘉铭中心　邮编 100020）
承印者：　北京雅昌艺术印刷有限公司
开　本：　887mm×1192mm　1/16
印　张：　21
字　数：　230千字
版　次：　2023年12月第1版
印　次：　2024年3月第2次印刷
审图号：　渝S（2023）078号
书　号：　ISBN 978-7-5217-5954-9
定　价：　168.00元

献给

所有热爱重庆的人

特别鸣谢

为本书提供影像作品的
全体机构和摄影师！

目 录

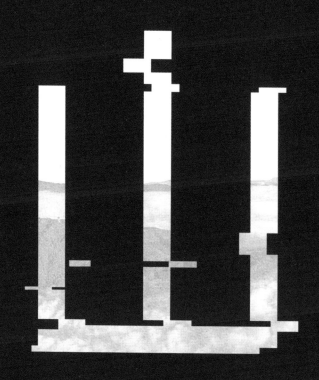

西南大地的
琴弦

第二部分

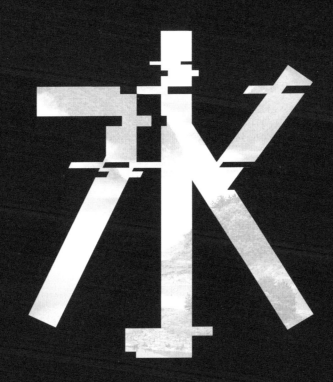

三重天地的塑造

第三部分

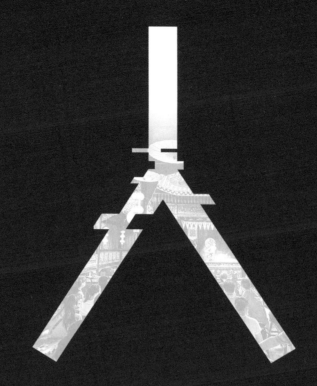

千里江山的
解锁

第四部分

城

立体都市的
诞生

序
重新发现重庆之美

是时候重新发现重庆之美了！

当重庆的各种景点、各处城市风貌不断爆红网络，我们知道：从地理视角看，重庆绝非一时的网红，而是一座积累了亿万年潜力的城市。现在及未来，正是它不断释放、不断爆发的时刻。

它是一座诞生在平行岭谷上的城市。十余条走向近似的山岭，从东北向西南纵贯大地，绵延不断，从空中俯瞰，如同镶嵌在大地上的琴弦，在中国绝无仅有。

它是一片喀斯特的王国。地上有罕见的桌山，地下更有无数个深不可测的"幽冥世界"，喀斯特总面积达3万多平方千米，占整个重庆的1/3以上。

山水的奇绝之外，**它还是一个火爆的人间**。在长达数千年的历史长河中，重庆不断地接纳四面八方的移民。无数个普普通通的平民英雄会聚于此，解锁群山的禁锢，居然把重庆打造成了中国最火爆的人间之一。

如今，**它还是一座大胆前卫、敢于突破和想象的城市**。重庆地处西部内陆，却是一处开放高地，中国第一条中欧班列线路"渝新欧"从重庆出发，直达欧洲，它还向南延伸，通达中南半岛，拓展出西部陆海新通道。重庆还与成都共同组成成渝地区双城经济圈，联手成为中国经济与交通的"第四极"。

因此，我们愿意用一本书的体量，来呈现重庆的山水奇绝，解读重庆的前世今生。书中用200余幅极致摄影作品，沉浸式呈现重庆的山水人间；以几十幅内容丰富的科学制图，解析重庆的地理与文化。

希望通过这样一本书，更多读者可以读懂重庆的山河。

星球研究所所长

耿华军

2023年10月29日

引子

对于重庆，
我们似乎很难用单一的标签去界定

它是群山环绕的 **"山城"**

也是江河纵横的 **"江城"**

它是雾锁烟迷的 **"雾都"**，也是桥梁众多的 **"桥都"**

它高楼林立，层次感极强，人称 **"赛博朋克"**[1] 之城

它的道路交通上天入地，飞檐走壁，人称 **"8D 魔幻"** 之都

1.『赛博朋克』（Cyberpunk）一词最早出现于科幻作家布鲁斯·博斯克，即控制论（cybernetics）和朋克（punk）的结合，后逐渐发展为一种科幻文学类型，用于揭示高度科技化的城市与个体生活之间的矛盾。现也常被用来形容以摩天大楼、贫民窟、冷光霓虹灯等元素为代表的具有超强立体感、科技感和超现实特点的美学风格。

1.西部陆海新通道位于中国西部地区腹地，北接丝绸之路经济带，南连21世纪海上丝绸之路，协同衔接长江经济带，在区域协调发展格局中具有重要战略地位。2019年8月15日，国家发展和改革委员会印发《西部陆海新通道总体规划》，标志着西部陆海新通道正式上升为国家战略。

2.2021年，中共中央、国务院印发了《国家综合立体交通网规划纲要》，明确将成渝地区双城经济圈与京津冀、长三角、粤港澳大湾区并列，表示该『双城经济圈』是未来国家建设面向世界的4大国际性综合交通枢纽集群之一，是国家『四极』中的一极。

红岩文化

世界桥都

美食之都

西部

陆海新通道 [1]

世界温泉之都

国际消费中心城市

内陆开放高地

中国

"第四极" [2]

打造

西部人才中心和

创新高地

山清水秀美丽之地

"一带一路"和长江经济带联结点

重庆制造 英雄之城 西部大开发重要战略支点

成渝地区双城经济圈 中欧班列

长江黄金水道 鹰飞之城

中国会展名城

全球最大笔记本

电脑基地

美丽重庆

中西部国际

交往中心

不夜重庆

最年轻的

直辖市

山与城 摄影 / 陈云元
2022年5月的一天，天气极为通透。摄影师在距离主体朝天门长江大桥16千米
的地方，拍下了这张蓝调时刻下的山城。

江城 / 摄影 田祥吉

云雾中的来福士 / 摄影 范晓东
重庆来福士屹立在渝中半岛的长江、嘉陵江交汇处，是重庆市的新地标。因其塔楼外立面的弧线造型酷似江面扬起的风帆，故也被称作"朝天扬帆"。

看桥的人 / 摄影 范晓东
图片拍摄于南岸区"黄葛晚渡"渡口，彼时正处于长江枯水期，渡口浮出水面，吸引不少来此"打卡"之人。

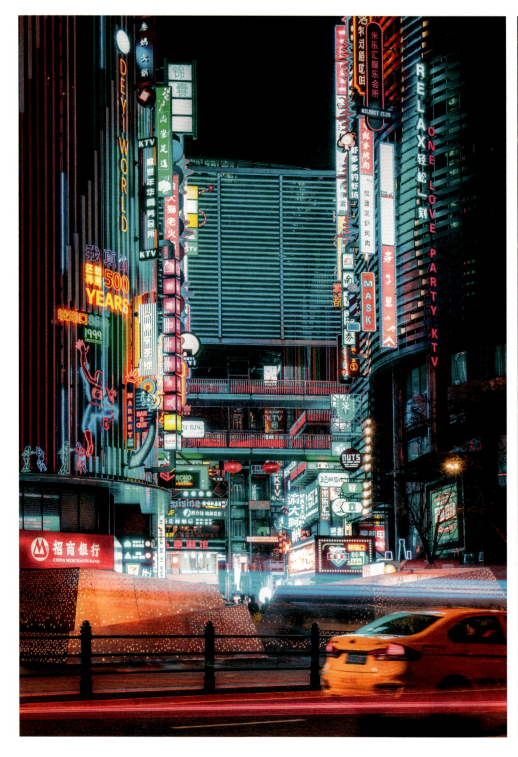

1|2|3
1　赛博朋克之渝中区较场口得意世界 / 摄影　周弋凯
2　赛博朋克之渝中区金渝大厦 / 摄影　周弋凯
3　赛博朋克之洪崖洞景区内 / 摄影　周弋凯

在这座处于大山大江之间的城市中，常规与非常规，现实与想象，似乎早已失去边界。陡峭的崖壁上怎会是繁华的街道？平行的岭谷间怎会有热闹的城镇？崎岖不平的土地上怎会楼宇密布？曲折的梯坎上又怎会人声鼎沸？种种"都市传说"在这座城市真实上演，吸引八方游客纷至沓来，重庆也由此成为"魔幻"城市。

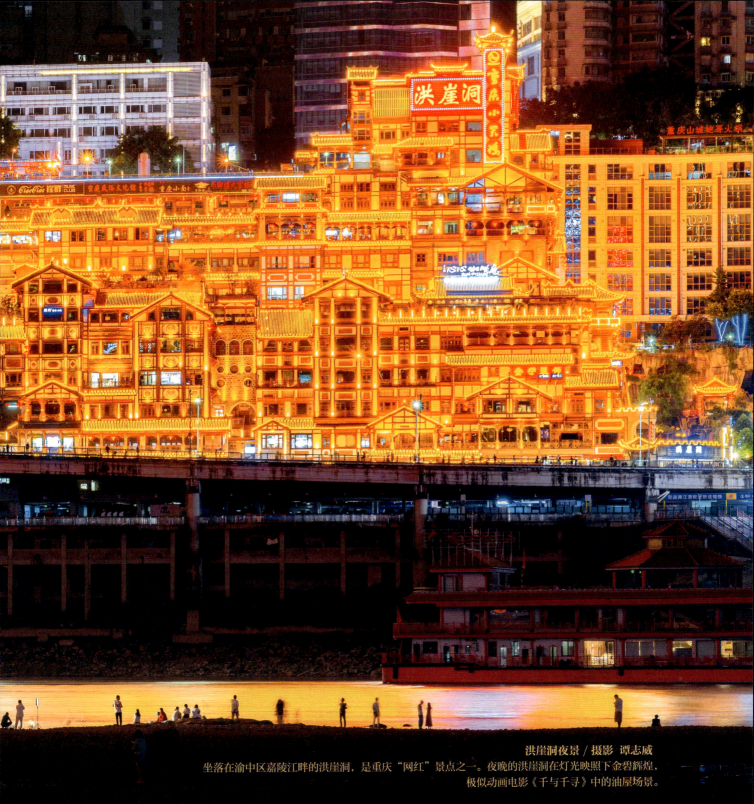

洪崖洞夜景 / 摄影 谭志威
坐落在渝中区嘉陵江畔的洪崖洞，是重庆"网红"景点之一。夜晚的洪崖洞在灯光映照下金碧辉煌，
极似动画电影《千与千寻》中的油屋场景。

然而，重庆绝非"魔幻"可以概括。作为中国西部唯一的直辖市，它坐拥38个区县，市域面积广达
8.24万平方千米，可与一个省的体量媲美，人们亲切地称它为"大重庆"。它养育着超过3200万重
庆人，就连众多的外乡人也能在这里找到归属感。而它的内部被划分为三个不同的城镇群，我们熟知
的"重庆"，仅仅是其中之一。

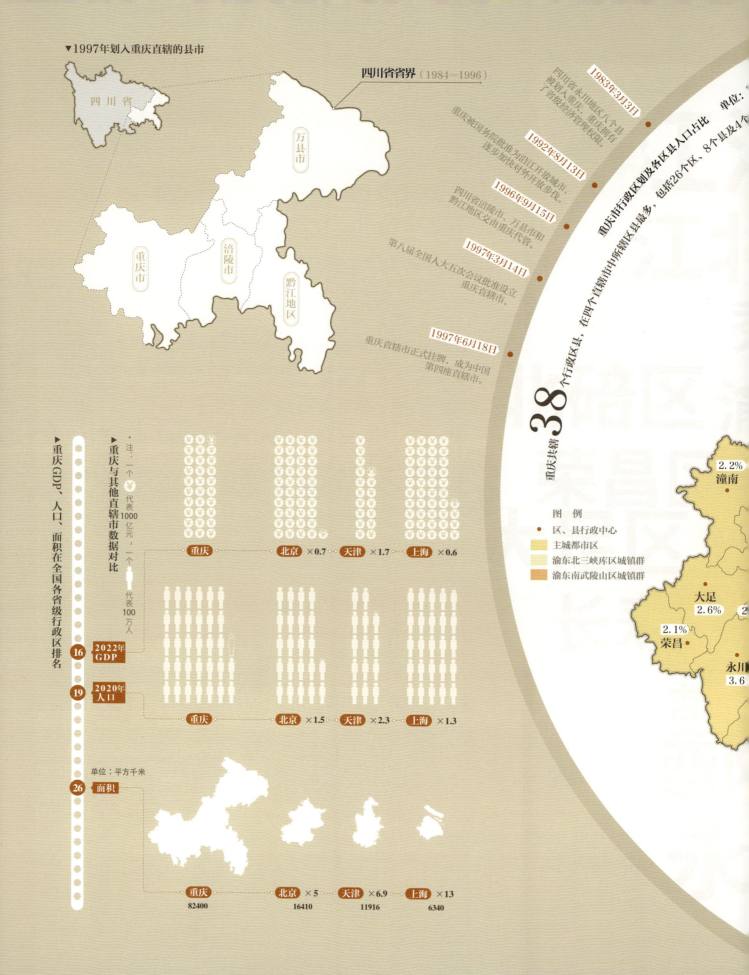

▼1997年划入重庆直辖的县市

四川省

四川省省界（1984—1996）

万县市

涪陵市

黔江地区

重庆市

1983年3月3日　四川省永川地区八个县被划入重庆，重庆拥有了省级经济管理权限。

1992年8月13日　重庆被国务院批准为沿江开放城市，逐步加快对外开放步伐。

1996年9月15日　四川省涪陵市、万县市和黔江地区交由重庆代管。

1997年3月14日　第八届全国人大五次会议批准设立重庆直辖市。

1997年6月18日　重庆直辖市正式挂牌，成为中国第四座直辖市。

重庆市行政区划及各区县人口占比

重庆共辖38个行政区县，在四个直辖市中所辖区县最多，包括26个区、8个县及4个…　单位：…

图例
● 区、县行政中心
主城都市区
渝东北三峡库区城镇群
渝东南武陵山区城镇群

潼南 2.2%　大足 2.6%　荣昌 2.1%　永川 3.6

▶重庆与其他直辖市数据对比

注：一个 ¥ 代表1000亿元，一个 👤 代表100万人

◀重庆GDP、人口、面积在全国各省级行政区排名

重庆　北京 ×0.7　天津 ×1.7　上海 ×0.6

16　2022年GDP

19　2020年人口

重庆　北京 ×1.5　天津 ×2.3　上海 ×1.3

单位：平方千米

26　面积

重庆 82400　北京 ×5 16410　天津 ×6.9 11916　上海 ×13 6340

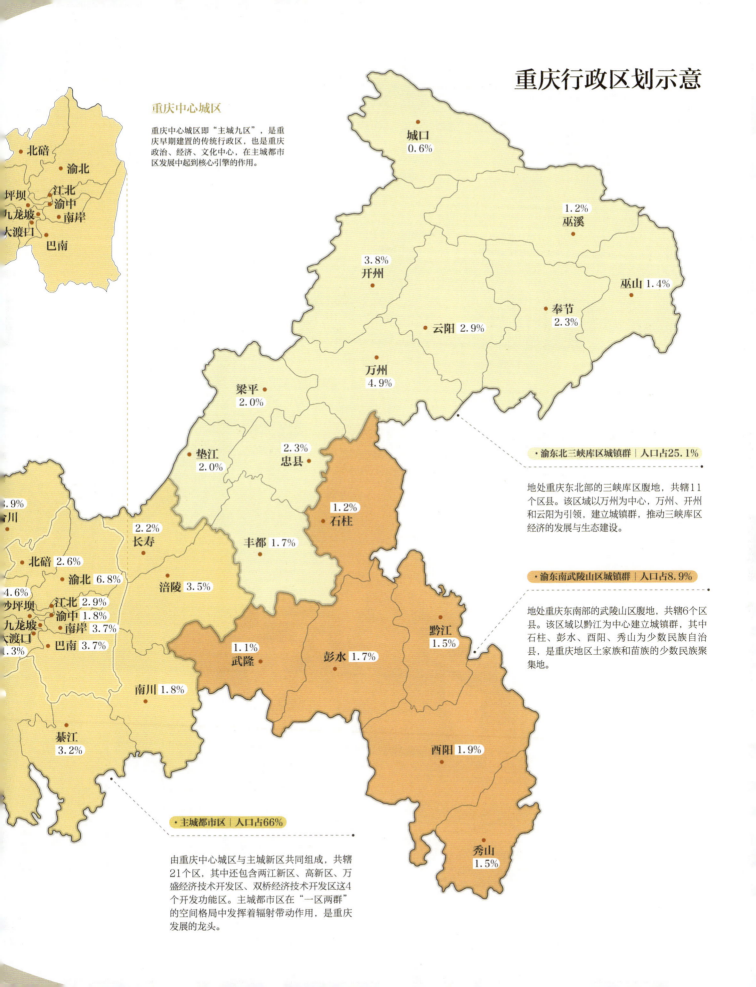

重庆行政区划示意

重庆中心城区

重庆中心城区即"主城九区"，是重庆早期建置的传统行政区，也是重庆政治、经济、文化中心，在主城都市区发展中起到核心引擎的作用。

北碚
渝北
坪坝
江北
渝中
九龙坡
南岸
大渡口
巴南

城口
0.6%

1.2%
巫溪

3.8%
开州

巫山 1.4%

奉节
2.3%

云阳 2.9%

万州
4.9%

梁平
2.0%

垫江
2.0%

2.3%
忠县

1.2%
石柱

.9%
川

北碚 2.6%

2.2%
长寿

丰都 1.7%

渝北 6.8%

4.6%
坪坝

江北 2.9%
渝中 1.8%
九龙坡
南岸 3.7%
大渡口
.3%
巴南 3.7%

涪陵 3.5%

黔江
1.5%

1.1%
武隆

彭水 1.7%

南川 1.8%

綦江
3.2%

酉阳 1.9%

秀山
1.5%

· 渝东北三峡库区城镇群 | 人口占25.1%

地处重庆东北部的三峡库区腹地，共辖11个区县。该区域以万州为中心，万州、开州和云阳为引领，建立城镇群，推动三峡库区经济的发展与生态建设。

· 渝东南武陵山区城镇群 | 人口占8.9%

地处重庆东南部的武陵山区腹地，共辖6个区县。该区域以黔江为中心建立城镇群，其中石柱、彭水、酉阳、秀山为少数民族自治县，是重庆地区土家族和苗族的少数民族聚集地。

· 主城都市区 | 人口占66%

由重庆中心城区与主城新区共同组成，共辖21个区，其中还包含两江新区、高新区、万盛经济技术开发区、双桥经济技术开发区这4个开发功能区。主城都市区在"一区两群"的空间格局中发挥着辐射带动作用，是重庆发展的龙头。

大足石刻／摄影 聂嘉诚
大足石刻是大足区境内所有石刻造像的总称。始凿于初唐，是世界八大洞穴之一、世界文化遗产。

铜梁区打铁花的人们 / 摄影 杨中毅
铜梁是重庆少数保留打铁花传统的地方之一。由于打铁花有着"红火"的良好寓意，每年新春之际，便可在铜梁的街头巷尾见到许多打铁花的人。图片拍摄于2023年春节期间。

茶山竹海景区 / 摄影 康辉
茶山竹海景区位于永川区境内，景区竹林葱茏，茂密如盖，曾是电影《十面埋伏》
的拍摄地之一。

濯水风雨廊桥 / 摄影 周忠文
濯水风雨廊桥位于黔江区濯水古镇，横亘于水天之间，全长658米，有着"世界第一风雨廊桥"之称。

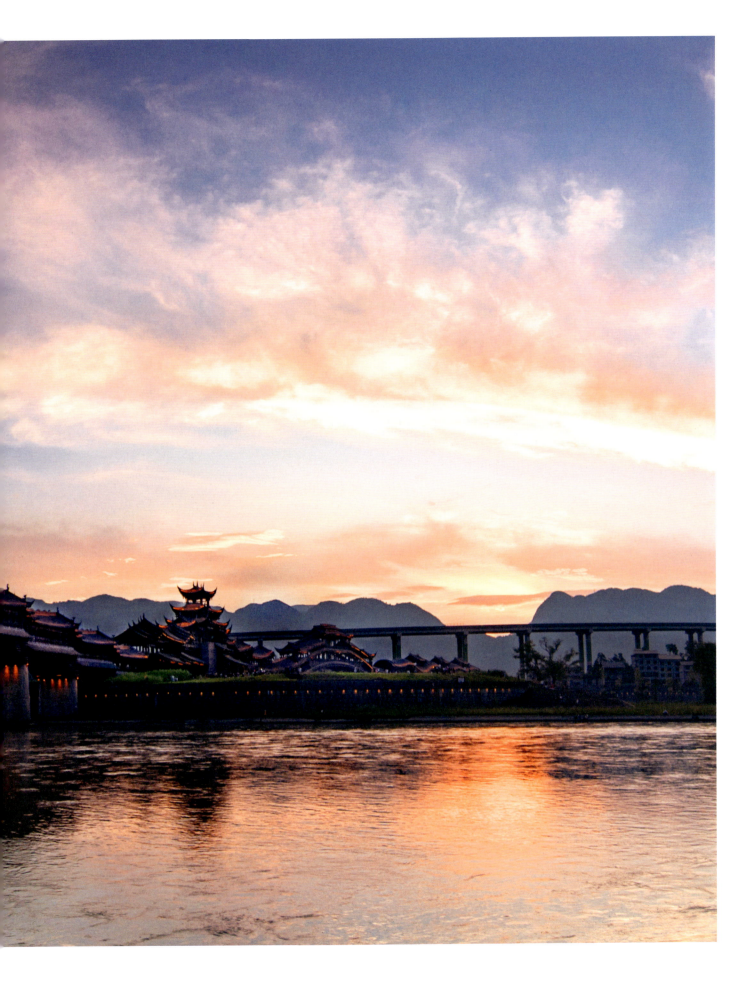

巫山县神女庙 / 摄影 石耀臣
神女庙始建于盛唐，历史上在巫山县城、巫山县青石（飞凤峰下长江边）等多地存在
过，后重建于巫山县神女景区内。

当我们以地理视角重新审视重庆时，它的样貌则更为不同。它的外部高山耸立，大巴山、武陵山、大娄山将其重重包围，形成了"束缚"重庆的道道枷锁；它的内部岭谷相间，数十条山岭从东北向西南近乎平行排列，如同大地的琴弦，将重庆内部片片阻隔。外围的枷锁与内部的"琴弦"相互"配合"，便构成了禁锢它发展的强大力量。

我们不禁好奇：
重庆究竟是如何解锁这种强大禁锢的？
又是何种力量，让这里成了中国最火爆的人间之一？

这一切的发生，
还要从重庆的山开始讲起。

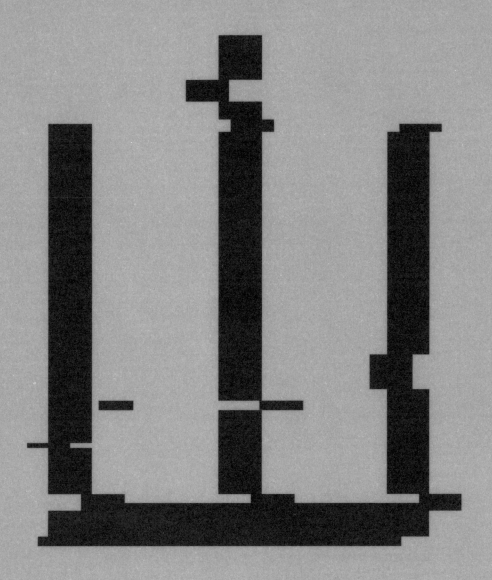

西南大地的
琴弦

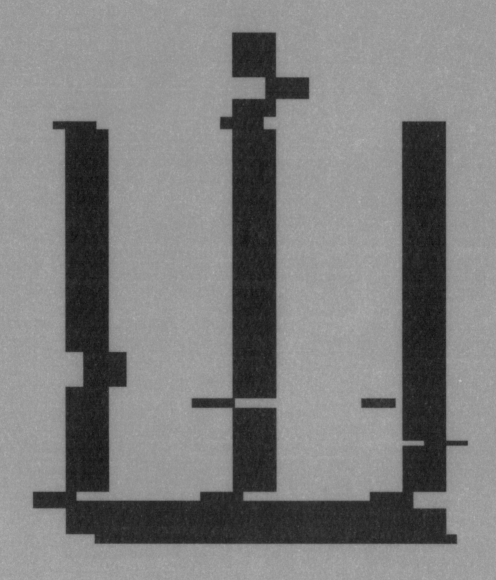

西南大地的
考验

重庆，"山即是城，城即是山"，道路迂回曲折，高楼层叠而立。今天，当谈起重庆时，我们都会提到"山城"，"山城"早已成为重庆的一个重要身份写照。

不过，人们所谈论的"山城重庆"，多指重庆中心城区，而非整个重庆市域。相较于中心城区爬坡上坎所带来的切身体验，8.24万平方千米中的山川褶皱常为人所忽略，而"山城重庆"的广阔内涵，恰恰寓于这绵延"无尽"的褶皱之中。

重庆地形地貌图

由于外部高山和内部平行岭谷对重庆的层层分割，重庆地表的起伏非常大，鲜有平缓区域。从坡度来看，重庆多为陡坡、缓坡；从高度差来看，重庆多是山地、丘陵。

图 例
● 直辖市行政中心
　 直辖市界
～ 河流
　 湖泊
▲ 金佛山　山峰及高程（米）
　 2238.2

▲ 重庆主要山脉分布

最北点｜左岚乡 Ⓝ

▲ 光头山 2434
▲ 墨架山 2431
▲ 菜子山 1326
▲ 大凤堡 1932
▲ 铺子口 9503
▲ 仙女山 1955
▲ 神仙堡 1602
▲ 金佛山 2238.2
▲ 蜈蚣坝 1708.1

最西点 Ⓦ
远觉镇

北
0　　　　50千米

最南点｜兰桥镇 Ⓢ

巫溪县阴条岭　**全市最高点**

阴条岭
2796

Ⓔ 最东点｜三溪乡

全市最低点
巫山县培石乡境内
长江出重庆界的巫峡长江江面

占全市面积的 **8.4%**
平坡（0°～5°）

占全市面积的 **52.73%**
缓坡（5°～15°）

占全市面积的 **38.87%**
陡坡（15°以上）

城口

巫溪

开州

巫山

云阳

奉节

万州

梁平

垫江

忠县

长寿

石柱

潼南

合川

丰都

铜梁

北碚

渝北

涪陵

大足

璧山

沙坪坝

江北

荣昌

九龙坡

渝中

南岸

黔江

大渡口

巴南

永川

彭水

江津

南川

武隆

綦江

酉阳

秀山

▲ 重庆不同坡度分布及占比

图　例

● 区、县（自治县）行政中心
直辖市界

0　　　　　50 千米

武
陵
山

山地
75.33%

丘陵
15.60%

台地
5.33%

平原
3.74%

▼ 重庆主要地貌占比

1
重庆从哪里来

今天的中国大地，实际上由众多大小板块拼合而来。历史上，板块活动不断改变着大地的面貌，催生众多名山大川。重庆所在的四川盆地也曾历经沧海桑田。

大巴山 / 摄影 郑云
大巴山脉位于四川盆地东北部的边缘地带，是四川盆地与陕西汉中盆地的自然地理分界。

距今约 3 亿年前，包括四川盆地在内的南方大片土地还被淹没在一片汪洋之中。浅海区域内，古老海洋生物的残骸在海底不断堆积，形成了巨厚的石灰岩层。

直到距今 2.5 亿到 2 亿年的三叠纪，来自地壳深处的力量，使得四川所在的地区逐渐抬升。在其周围，随着大巴山、龙门山等山脉的前身次第隆起，海水退去，盆地的雏形开始显现。与此同时，发源于四周山脉上的河流奔流而下，汇集于盆地内，很快形成了面积巨大的湖泊群。在接下来的漫长岁月中，河湖中沉积的沙石土泥因为铁质被氧化，变为红色的沉积岩，如今四川盆地内的"红层"便由此形成。

冬季的四面山／摄影　陈亮
四面山位于江津区四面山镇。积雪覆盖在四面山上，崖壁与冰花、瀑布相互映衬，形成奇特壮美的自然景观。图上大面积出现的红色岩层便是"红层"。

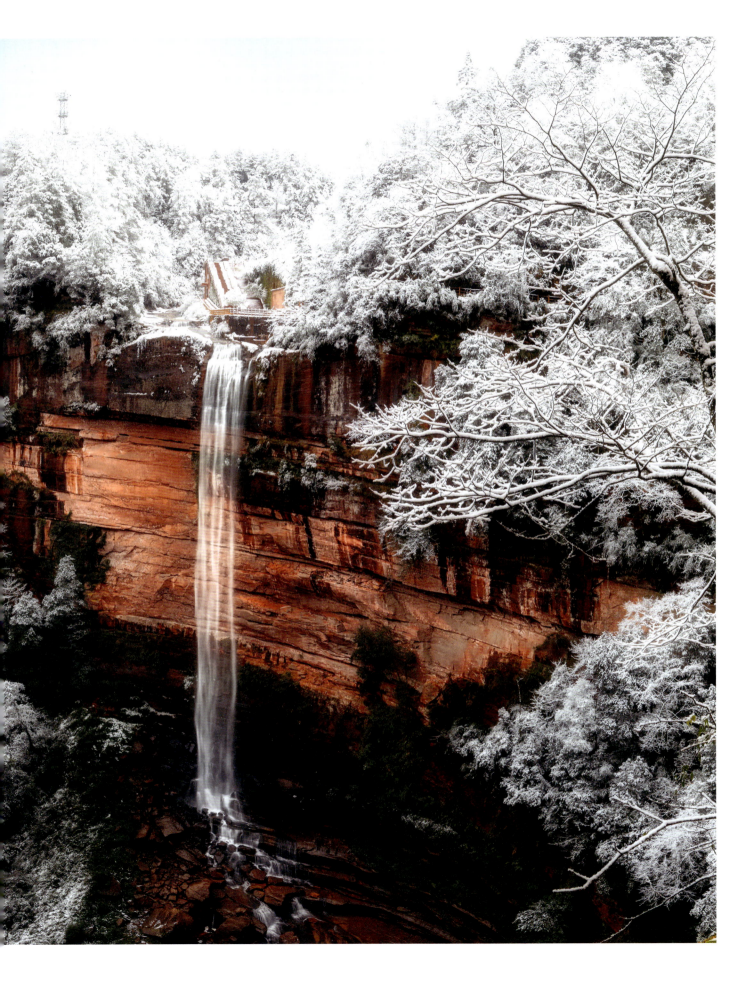

随着盆地内"红层"逐渐形成,一种新的生物——恐龙开始横行其间。在今天的重庆,超过一半的区县都发现了恐龙及恐龙足迹的化石。

在合川,人们发现了体长 22 米的马门溪龙化石,它一度是在亚洲发现的体形最大的恐龙化石。而上游永川龙的化石最早发现于永川,这种恐龙曾是称霸侏罗纪的肉食性恐龙。

在云阳,人们发现了长达 15 千米的恐龙化石地层,其中普安云阳龙、磨刀溪三峡龙、普贤峨眉龙、元始巴山龙等,均是首次发现的恐龙新属种。当时的四川盆地可谓真正的"侏罗纪公园",**而盆地东部的重庆也因此被称作"建在恐龙脊背上的城市"**。

在随后的时间内,板块运动进一步改变着中国的地形地貌。6500 万年以来,青藏高原的不断隆起,使其东部的盆地随之抬升,湖水退去,地表接受河流的塑造,形成丘陵和平原,人们熟悉的四川盆地终于成形。

1
——
2

1 **合川马门溪龙 / 摄影 王啸**
  合川马门溪龙属于蜥臀目中的蜥脚类恐龙,是恐龙中的"大块头"。图中的马门溪龙化石模型拍摄于重庆自然博物馆。

2 **合川马门溪龙的"长脖子" / 摄影 王啸**
  它们通常有着占体长 1/2 的长脖子,拥有如此傲人的"长脖子"绝不是"徒有其表"。更长的脖子能扩大它们的取食范围,也能为它们提供更好的寻找食物的视野,或是让它们及时避开捕食者。

四川盆地
地形示意

松　潘　高　原

岷

山

邛

崃

山

大

雪

山

川　西　高　原

成都

四川盆地剖面线

岷

四

川

沱

江

江

长

江

五

莲

峰

贵

云

▲ 四川盆地地形示意

海拔：米

1500

1000

500

0

岷江

成都

龙泉山

沱江

成都平原

川中丘

0　距离：千米　　　　　　　　　　　100　　　　　　　　　　　200

秦　岭

大

巴

山

巫
山

大
山

嘉
陵
江

嘉　陵　江

重庆

长

江

乌
江

郁
江

綦
江

大
娄
山

武

陵

山

大娄山

高　原

地

江

▽重庆与四川盆地海拔示意

四川 ┤重庆

缙
云
山

中梁山

嘉
陵
江

长
江

嘉
陵
江

铜锣山

重庆

川 东 平 行 岭 谷

300

400

1250

750

250

在群山环峙的西南，较为平坦的四川盆地西部——成都平原无疑是最适合人类生存、居住的地区之一。早在三千多年前，此地就已经诞生了三星堆文明、金沙文明等灿烂的古文明。而到了三国时期，蜀国丞相诸葛亮更是称其"沃野千里，天府之土"[1]。

然而，四川盆地内部并非"生来平等"，相比于平坦的西部、中部，位于盆地东部的重庆显然没有如此幸运。在这里，山地丘陵面积合计占比超过90%。余下不足10%的土地中，超过一半是四周陡峭、中间平坦的台地，平原占比不足重庆总面积的4%。[2]毫无疑问，这一切都是地壳运动，尤其是板块碰撞的结果。

1. 出自陈寿《三国志·蜀书·诸葛亮传》中诸葛亮与刘备的对话。

2. 数据源自2017年9月重庆市规划局、重庆市统计局、重庆市国土房管局、重庆市普查领导小组办公室联合发布的《重庆市第一次地理国情普查公报》。

长江　　　　　　　　南山

嘉陵江　　　　　　　　　　渝中半岛　中梁山　缙云山　　云雾山

重庆中心城区 / 摄影　王飞
长江犹如一条巨龙，在重庆中心城区由南向北蜿蜒而过。
图片中离我们视角较近的为铜锣山脉，而较远处则是数条
平行岭谷依次排布，宛如大地的琴弦。

2
是山，还是山

在重庆外围，板块碰撞塑造了众多高大的山脉。

在重庆东北部，高耸的大巴山脉从西北逶迤而来，横跨城口、巫溪、巫山三县，将重庆与陕西的汉水谷地隔离。这里山势雄伟，大部分山脉海拔可达1000~2000米。重庆市最高峰阴条岭（海拔2796米）和第二高峰兰英寨（海拔2769米）就都位于大巴山区。山区内山体受流水切割作用明显，山高谷深。"重庆第一深谷"——兰英大峡谷，谷长60余千米，平均深度为1200余米，最深处可达2500余米，成为一道深切于大地之上的山水画廊[1]。

大山还是大地的调色板。每年的深秋时节，地处大巴山腹地的城口县层林尽染。由于垂直气候明显，五彩斑斓的树叶从山脚蔓延至山顶，呈现出火红、橘红、酒红、鹅黄、深黄等颜色。崇山峻岭之间，秋风如画笔轻扫而过，留下一岭接一岭的彩叶，传送大自然的色彩。

---

1. 文中山脉海拔数据均取自重庆市规划和自然资源局
重庆市标准地图服务网站。

1 大巴山彩叶 / 摄影 汤守华
拍摄于城口县大巴山。图中的彩叶以黄、绿、红为主调，沿着山体变色渐染，
在云雾的掩映之下，尽显朦胧之美。

2 兰英大峡谷红叶 / 摄影 郑云
兰英大峡谷位于巫溪县。每年的11月，绚烂的红叶弥漫在山水画廊间，
是人们观赏与打卡兰英大峡谷的最佳时期。

冬季的大巴山 / 摄影 王国庆
摄于城口县黄安坝，图中的山脉位于大巴山腹地。

而在重庆的东南部及南部，武陵山脉、大娄山脉连绵不绝，分隔了重庆与云贵高原。

重庆武陵山区与大娄山区山岭绵延，以中低山为主，平坝星落其间，地形崎岖。在诸多山岭中，分布着许多叫作"盖"的山。在当地，人们把四周是悬崖、山顶平坦的山称为"盖"[1]，著名的有秀山的平阳盖、川河盖，酉阳的毛坝盖、广沿盖等。但这里同样不乏海拔超过1500米的高山，如主峰海拔2238.2米、位于大娄山脉北端的金佛山，以及海拔1955米、位于武陵山区西侧的仙女山。

在山岭之间，还"藏"着一众秀美的山地公园。涪陵的武陵山国家森林公园林海茫茫，森林覆盖率高达95%。武隆的仙女山国家森林公园，高山草原风光旖旎。两地夏能避暑、冬可赏雪。而石柱的黄水国家森林公园，平均海拔为1550米，气候垂直变化明显，夏季同样凉爽宜人。相比火炉般的中心城区，这里的群山实在是重庆人的清凉后花园，它们"待字闺中"，静候着更多的人去发现、探索。

---

1. "盖"也被称为桌山，是典型的喀斯特地貌。

1   **冬季的武隆仙女山 / 摄影 龚森**
仙女山最高海拔为1955米，冬季积雪深厚，漫山遍野粉妆玉砌，是重庆人赏雪的绝佳之境。

2   **仙女山 / 摄影 欧阳开源**
仙女山自然植被类型丰富，森林面积超220平方千米，夏季环境清爽宜人，是重庆人的消暑胜地。

川河盖雪景／摄影 唐磊
川河盖位于秀山县涌洞镇，最高海拔在1200米以上。受海拔高度差的影响，图中的山峰顶部白雪皑皑，但山腰与山脚的树林仍是郁郁葱葱，多种色彩相互映染，震人心魄。

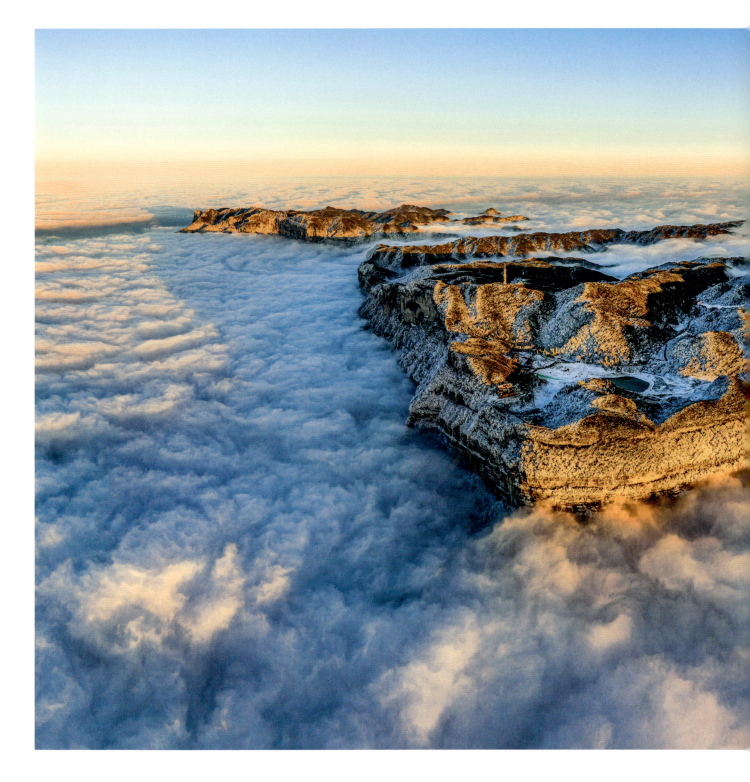

金佛山 / 摄影 汪新
金佛山位于南川区，其主峰高2238.2米。雪天的金佛山被阳光"拂照"，如一
艘金色的潜艇从云海中缓缓而出。

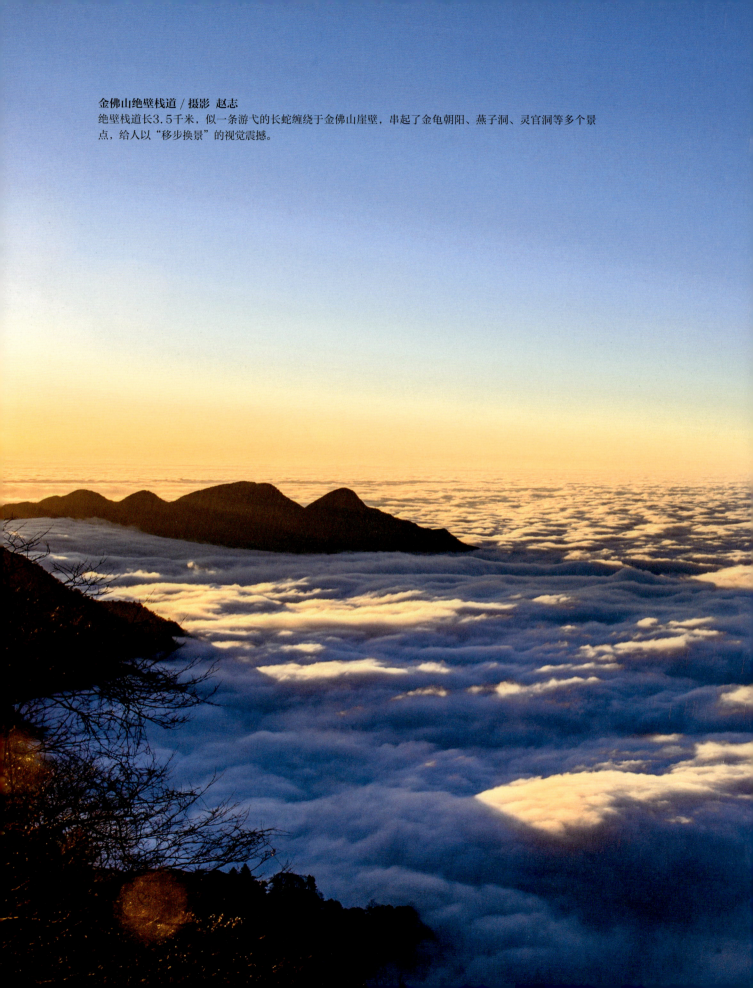

金佛山绝壁栈道 / 摄影 赵志
绝壁栈道长3.5千米，似一条游弋的长蛇缠绕于金佛山崖壁，串起了金龟朝阳、燕子洞、灵官洞等多个景点，给人以"移步换景"的视觉震撼。

高大的山脉还形成了变化多端的垂直自然带，从阔叶林、落叶林到针叶林、灌丛，再到草甸，林林总总的植被织成一幅浑然天成的画卷。

据不完全统计，在重庆市域范围内，有重庆市重点保护野生植物69种，包括8种蕨类植物、6种裸子植物、55种被子植物，其中中国特有种类50种，重庆特有种类10种[1]。而崖柏、荷叶铁线蕨、麻栗坡兜兰、曲茎石斛等生长在重庆境内的珍稀植物，则被收录于《国家重点保护野生植物名录》，均为国家一级重点保护野生植物。

丰富的自然带也造就了众多野生动物的栖息地。在重庆，已知有脊椎动物超过800种，无脊椎动物超过4000种。在大巴山区，林中的林麝、云豹，空中的黄脚渔鸮、白冠长尾雉，各种珍稀生灵在此各美其美，各得其所。在金佛山，拖着长尾、嬉戏于林间的黑叶猴，则是该区域的重点保护对象，也被世界自然保护联盟列为濒危物种之一。

---

1. 数据源自重庆市林业局和重庆市农业农村委员会关于印发《重庆市重点保护野生动物名录》和《重庆市重点保护野生植物名录》的通知。

雪中奔跑的红腹锦鸡 / 摄影　瞿明斌
红腹锦鸡属雉科，有着纤长的羽尾。雄性红腹锦鸡全身羽色斑斓，有"鸟中凤凰"的美称；雌性红腹锦鸡的色彩较为单一，羽色以棕褐色为主，其上缀有黑色斑点。图中的四只红腹锦鸡正在雪地"竞逐"。

1 | 2

1　**金佛山黑叶猴/摄影　刘明生**
　　黑叶猴体长为48～64厘米，外表纤瘦，头部较小，尾巴细长。黑叶猴在幼年时期毛发为金黄色，成年后除两颊毛发为白色外，浑身体毛会变至黑色。

2　**巴南白鹭/摄影　刘明生**
　　白鹭是大白鹭、中白鹭、小白鹭和黄嘴白鹭多种鸟类的统称。图为大白鹭，体长为90～110厘米，其喙部在繁殖期会变为黑色，非繁殖期则会变回黄色，主要以鱼类、虾类等动物为食。

3

大地的琴弦

板块碰撞造成的影响远不止于此。在重庆内部，一道道褶皱随地就势，逐渐成形。

大约1亿年前，太平洋板块开始向亚欧大陆俯冲，受到来自东南方向的强烈挤压，原本平坦的重庆地区地壳发生形变。由于岩石性质的差异，上下岩层形变的方式也不尽相同：下部的古老岩层深厚而坚硬，尚且可以抵抗住巨大的压力，因而变形较小；覆盖其上的沉积岩岩性较软，迫于压力纷纷发生断裂、变形，形成褶皱。

雾中的平行岭谷 / 摄影 王剑峰
图中的平行岭谷走向一致，起伏连绵，在云雾之中，绘成一幅大地水墨画。

岩层向上凸起、弯曲的部分为背斜，形成山岭；岩层向下凹陷、弯曲的部分为向斜，形成山岭间的谷地。它们就像水面上掀起的一连串波浪，从雪峰山逐渐推移至四川盆地内部的华蓥（yíng）山，在 400 千米范围内形成了众多平行排列的褶皱山岭和谷地——川东褶皱带。

重庆平行岭谷
与川东褶皱带

在板块碰撞带来的强烈挤压之下，华蓥山以东的400千米内，形成了包含数十条平行岭谷的川东褶皱带，而重庆平行岭谷便是其中的一部分。不过由于复杂的力学机制，这些褶皱在构造上不尽相同。华蓥山和七曜山之间形成了隔档式褶皱，而武陵山区则形成了隔槽式褶皱。

▲ 重庆平行岭谷与川东褶皱带示意

▼川东褶皱带分布示意

川东褶皱带

隔档式褶皱
重庆平行岭谷

隔槽式褶皱
武陵山区

华蓥山　铜锣山　明月山　精华山　七曜山　　　　　　　　　　　雪峰山脉

隔档式褶皱与隔槽式褶皱的差异主要表现在背斜和向斜之间的变形强度。其中，背斜窄且形态完整，在两个背斜之间的向斜开阔平缓，是为隔档式褶皱；向斜窄且形态完整，两个向斜之间的背斜开阔平缓，是为隔槽式褶皱。

长江

武陵山区

七曜山断裂

恩施断裂

▼背斜、向斜形成示意

挤压力
新地层
挤压力
老地层

挤压力
向斜　背斜　背斜　向斜
挤压力

隔档式褶皱
向斜窄

隔槽式褶皱
背斜宽

缙云山 / 摄影 邹滔
缙云山系华蓥山的西南余脉，北起合川区，向南经北碚区，一直延伸至江津区罗坝一带。

在平行岭谷的最西侧，华蓥山如同一支叶脉自东北向西南伸入重庆，在重庆西部分出巴岳山、云雾山、缙云山、中梁山等山脉。在重庆东北部，平行岭谷受到大巴山阻挡，逐步发生转向并与之拼合，形成封锁四川盆地东北部的一道枷锁——巫山。

在华蓥山与巫山之间，铜锣山、明月山、精华山、黄草山、方斗山等山脉自西向东近乎平行排列，在地表排成类似扫帚的形状。而重庆的中心城区，就建立在缙云山、中梁山、铜锣山、明月山这四条山脉之间。

山脉将重庆内部原本平整的大地从中隔开，让东西方向的联系变得艰难，却也为一类特殊的物种——猛禽提供了一条条南北向的迁徙通道。每年春秋季节，包括凤头蜂鹰、普通鵟（kuáng）、赤腹鹰、灰脸鵟鹰在内的数十种共十余万只猛禽，借助平行岭谷这一特殊地形生成的气流进行南北向的迁徙，构成一条"猛禽迁徙高速路"，平行岭谷中的重庆也因此得名"鹰飞之城"。

鹰飞之城

每年的春秋两季，重庆的上空会出现成千上万只迁徙的猛禽。据重庆观鸟会的监测，每年春季，仅在中心城区上空，就有超过5万只猛禽（35种）飞过。迁徙最高峰的单日最高数量接近1.2万只，种类则超过20种。在全国范围内，重庆猛禽的数量和种类都名列前茅，故得名"鹰飞之城"。

▼猛禽借助上升气流盘旋飞行示意

盘旋上升　滑行　盘旋上升　滑行

▶重庆猛禽迁徙路线示意

飞过重庆的猛禽多是沿着山脉进行西南—东北方向的迁徙，而重庆众多相同走向的平行岭谷则给猛禽提供了更有利的飞行通道。右侧小图是猛禽在重庆的迁徙路线示意，下方大图是每年春季时，猛禽飞过重庆主城区与东侧南山的迁徙路线示意。

北

重庆　长　江

长途的飞行是一个非常耗体能的过程，所以猛禽在迁徙的时候会尽可能地节省体力，而大多数猛禽的策略是借助上升气流迁徙。山谷多容易产生上升气流，猛禽便会借助上升气流盘旋而上，在到达一定高度后，从上升气流中滑出，然后往前方滑翔至下一个上升气流，以此往复向前。

图例

➡ 上升气流
➡ 迁徙路径

渝 中 半 岛　嘉 陵 江　江 北 岛

长 江

南 山

铜 锣 峡

北

▲猛禽沿平行岭谷迁徙路线示意

种类　100　500　1000　　　　　　　　　5000　单位：只

- 凤头蜂鹰
- 普通鵟
- 赤腹鹰
- 灰脸鵟鹰
- 黑冠鹃隼
- 松雀鹰
- 日本松雀鹰
- 黑鸢
- 燕隼
- 红隼
- 凤头鹰
- 雀鹰
- 苍鹰
- 蛇雕
- 红脚隼
- 鹗
- 褐冠鹃隼
- 短趾雕
- 乌雕
- 靴隼雕
- 鹞
- 游隼
- 白腹隼雕
- 白肩雕
- 草原雕

◀ 飞过重庆的猛禽种类及数量

飞过重庆的猛禽主要包括鹰形目和隼形目鸟类。其中，数量级最大的为凤头蜂鹰，每年迁徙的数量达5万~10万只。

而普通鵟则居其次。红隼虽然没有那么多，但却常常出现在城区中，是重庆最为常见的隼形目猛禽。

图 例
- 主要食物
- 辅助食物

主要猛禽及数量级对比　　翼展大小对比示意　　喙型及食物

● 红隼 100~500

57~82 厘米

鼠类等小型哺乳动物　昆虫　小型两栖爬行动物　小型鸟类

● 普通鵟 5000~10000

109~140 厘米

鼠类等中小型啮齿动物　两栖爬行动物　小型鸟类

● 凤头蜂鹰 50000~100000

128~155 厘米

胡蜂、黄蜂等蜂类的幼虫　蜂蜜蜂蜡　小型两栖爬行动物　鸟类

40000　80000　10000

6000

100000

20000

高大山脉与平行岭谷，从内外两个方面构成了禁锢重庆的双重枷锁。于外，大巴山、巫山、武陵山、大娄山等山脉从各个方位对重庆呈现包夹之势，严重阻碍了重庆对外的交通；于内，相间排列的平行岭谷在重庆大地掀起"波澜"，给生活在此地的人们带来生产生活的诸多不便，仅有华蓥山以西的荣昌、璧山等重庆西部地区地势相对平坦。

民国时期，不少旅居重庆的作家曾对重庆崎岖的山川地貌印象深刻。1938年年底，张恨水初来重庆时，就在《重庆旅感录》里写下他关于重庆的初次印象：

客子过蜀者，虽走马看花，亦必有二点印象，不可磨灭。其一为山，其二为雾。再过宜昌，即如蝼蚁穿珠，终日在山缝中觅路。直抵重庆，形势依然。[1]

他也曾感叹，渝中半岛"无半里见方之平原，出门即须升或降"。

———————

1. 《重庆旅感录》一文写于 1938 年 11 月 20 日，首次发表在 1939 年第 13 卷第 1 期的《旅行杂志》。
引文中的"蜀"具体是指今天的重庆，作者写为"蜀"，是因为当时的重庆隶属于四川。

"重峦叠嶂"的大风堡风景区／摄影 陈科
大风堡风景区位于石柱县黄水镇。此地群山逶迤，峰峦叠翠，放眼望去似无边际。

金佛山云瀑 / 摄影 · 陆清华
云瀑的形成和金佛山的地形、海拔、温度等因素相关。山体一侧的云海受阳光照射，蒸腾上升形成流云。流云越过山巅，随风飘移，当遇到温度较低的悬崖时，便顺势而下、飞泻如瀑，恢宏壮观的云瀑由此形成。

然而，
大山仅是地理环境束缚重庆大地的第一道枷锁。
另一股看似柔弱的力量——水紧随其后，
对重庆进行了新一轮的塑造。

第二部分

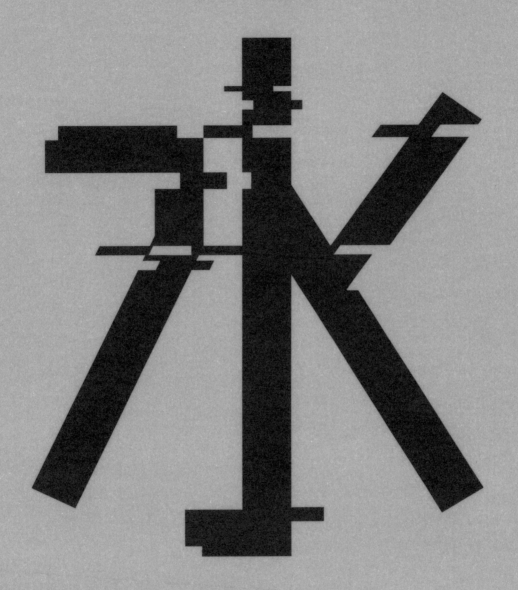

三重天地的
塑造

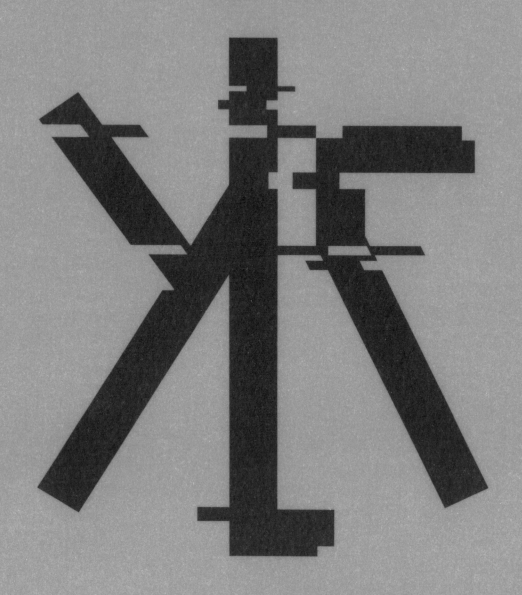

三重天地的
塑造

重庆是山城，也是江城。

在8.24万平方千米的土地上，河流蜿蜒曲折，江水穿流而过。亿万年来，水流对重庆的塑造同样深刻，与山川共舞于这片炽热的土地上。

它们在这里"云遮雾罩"，制造出雾锁迷城的景观；它们在这里"静水流深"，雕琢出奇特罕见的喀斯特地貌；它们在这里"奔腾咆哮"，最终汇聚为不可抵挡的巨大能量，冲破群山的阻碍，从三峡奔流而出，东入大海。

1

勒¹是雾都

地处东亚大陆的中国，季风气候作用明显，东亚季风的进退直接影响了中国不同区域的干湿变化，地处长江中游的重庆也不例外。季风为重庆送来源源不断的水汽和降水，就这样，塑造重庆的又一股力量——水登场了。它首先以水汽的形态出现，在群山的协助下，给重庆带来了云与雾，并由此诞生众多独特的景观。

当水汽在近地面凝结成大量小水滴，而这些小水滴飘浮于空气中时，便形成了雾。由于外围的高大山脉与平行岭谷的封锁，重庆少有大风，水汽不易扩散，所以雾天极多。重庆大多数地方年平均雾日达30～50天，相当于一年之中有1～2个月都笼罩在大雾之中。特别是在嘉陵江沿岸的北碚、合川，以及长江沿岸的忠县、丰都、涪陵、长寿等地，年平均雾日甚至超过50天。

在稳定的风速条件下，当暖湿空气与较冷的地表"相遇"时，还会产生较为罕见的平流雾景观：**城市中的建筑、山丘被氤氲的水汽包裹，宛若缥缈仙境，无怪乎人们将重庆称为"雾都"。**

---

1. 此处"勒"为重庆话，与普通话的"这"同义。

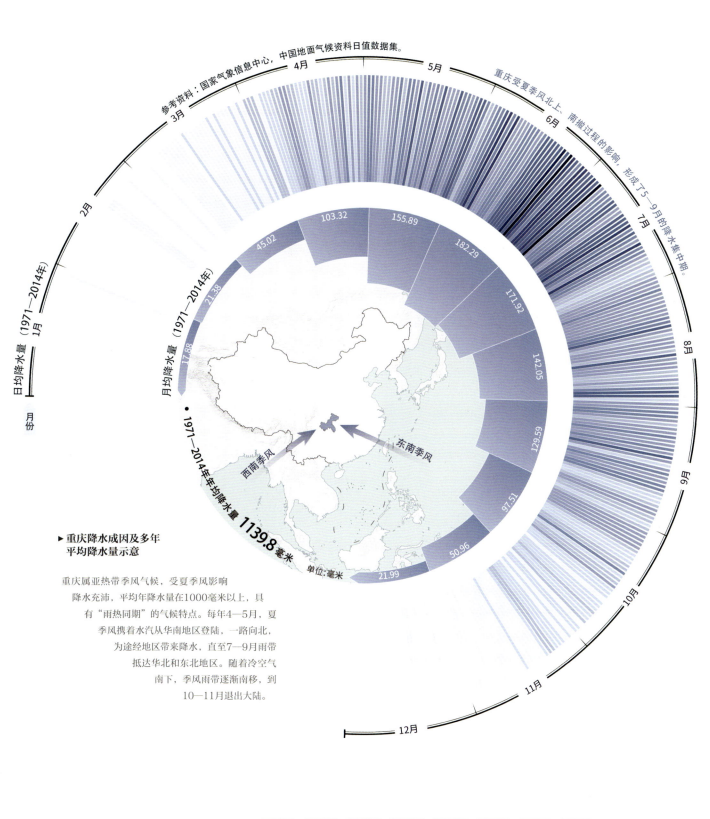

参考资料：国家气象信息中心，中国地面气候资料日值数据集。

4月　　5月

重庆受夏季风北上、南撤过程的影响，形成了5—9月的降水集中期。

3月

6月

2月

7月

日均降水量（1971—2014年）

1月

45.02　103.32　155.89

21.38　　　　182.29

17.88　　　　171.92

月均降水量（1971—2014年）

142.05

8月

129.55

西南季风　　东南季风

1971—2014年年均降水量 1139.8毫米

97.51

9月

单位:毫米

50.96

21.99

10月

▶ 重庆降水成因及多年
平均降水量示意

重庆属亚热带季风气候，受夏季风影响
降水充沛，平均年降水量在1000毫米以上，具
有"雨热同期"的气候特点。每年4—5月，夏
季风携着水汽从华南地区登陆，一路向北，
为途经地区带来降水，直至7—9月雨带
抵达华北和东北地区。随着冷空气
南下，季风雨带逐渐南移，到
10—11月退出大陆。

11月

份

12月

单位：毫米　　<1　　1~2　　2~3　　3~4　　4~5　　5~6　　6~7　　7~8　　8~9　　9~10

重庆平流雾 / 摄影 蒋继航
重庆中心城区被笼罩在一片雾纱之中，恰如作家老舍在《成渝路上》里
形容的那般："江风微动，山雾轻移，天上？人间？梦境？"

水汽升到高空则凝结为云。丰沛的水汽与封闭的地形使四川盆地上空形成大量的云，造成长时间的阴天。

在重庆，各地年平均阴天日数可达200天左右。渝东南地区的黔江，全年阴天日数能够达到240天左右，一年之中近2/3的日子见不到明媚的阳光。与同纬度的长江中下游地区相比，重庆全年日照时间要短1/4～1/3。对重庆人而言，"蜀犬吠日"不只是古人的夸张传说，而是这里多阴天、少日照的真实写照。

高空中的小水珠不断凝结，便会在重力作用下形成降水。重庆虽然深处我国西部内陆，但在东亚季风影响下，年降水量却能够达到1000毫米以上。每年5月至9月是重庆降水最为集中的时间，占全年降水量的六成至七成。

其中，5月到8月，重庆地区的东亚季风势力更为强劲，雨势也更为猛烈。加上岷江、嘉陵江、沱江上游强降水的影响，重庆地区经常会形成洪涝。2020年8月的"洪峰过境"，想必很多人还心有余悸。在"长江2020年第5号洪水"与"嘉陵江2020年第2号洪水"的作用之下，重庆中心城区的沿江道路、商铺及居民楼被大面积淹没。嘉陵江磁器口水文站在8月20日2时的洪峰水位更是达到194.29米，超过保证水位8.65米，突破历史极值。

1 ｜ 2

1 日常状态的洪崖洞 / 摄影 成浩

2 洪峰过境时的洪崖洞 / 摄影 汤玮
2020年8月18日至20日，"长江2020年第5号洪水"和"嘉陵江2020年第2号洪水"陆续过境重庆中心城区，造成长江、嘉陵江重庆段的水位大幅上涨。图片摄于2020年8月20日，图中洪崖洞景区的一楼和地下车库皆淹没于洪水之中。

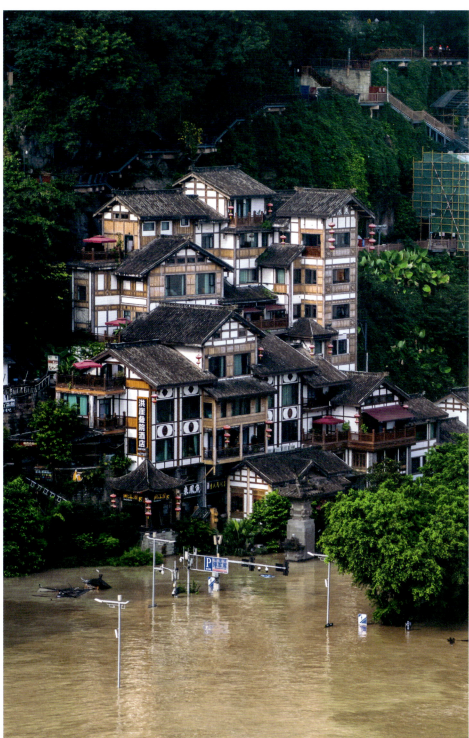

洪峰过境时的重庆中心城区，南滨路多个路段被洪水淹没／摄影　司琪

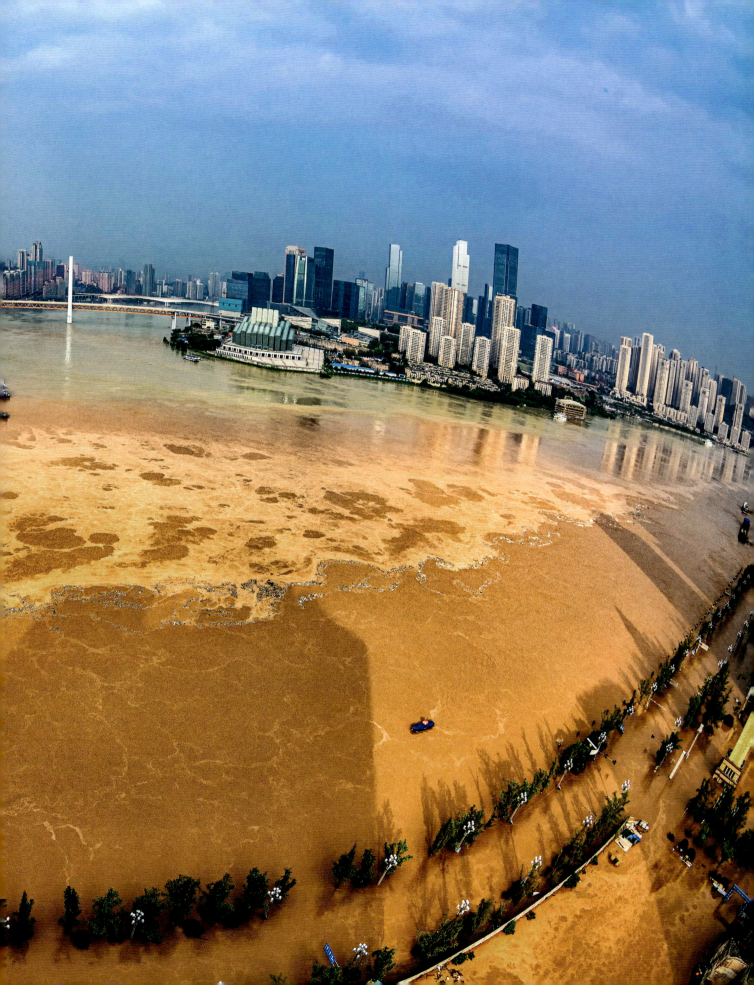

云雾多、日照少、降水丰沛，这是水汽影响下重庆气候的重要特点。然而，连绵的雨水、稀少的日照并没有让重庆变得阴冷，在地形的影响下，这里反而形成了冬暖夏热的气候特征。

由于重庆处在中低纬度地区，加上北部有秦岭、大巴山等高大山脉的"庇护"，冷空气很难给重庆带来猛烈的降温幅度，因而这里的冬天较为温暖，少有霜雪天气。

但当季节的时针拨向夏天时，外围的高大山脉将地表的热量积蓄在内，重庆化身为大型的"蒸笼"。尤其是在每年的7月和8月，此时雨带已推移至北方，长江流域被副热带高压控制。强大的下沉气流让水汽难以形成云雨，从而导致了重庆大地的炙热和伏旱，重庆"火炉"的名号也由此诞生。

在阳光的炙烤下，除了海拔较高的山区，重庆大多数地方的气温轻易即可达到35°C，40°C以上的情况屡见不鲜。2022年夏，由于副热带高压异常"凶悍"，重庆许多地方连续半个多月最高温在40°C以上。合川城区有38天最高温在40°C以上，北碚区的最高气温甚至一度达到45°C。严重的高温伴随持续的干旱，给人们的生活带来巨大的困难与危险。

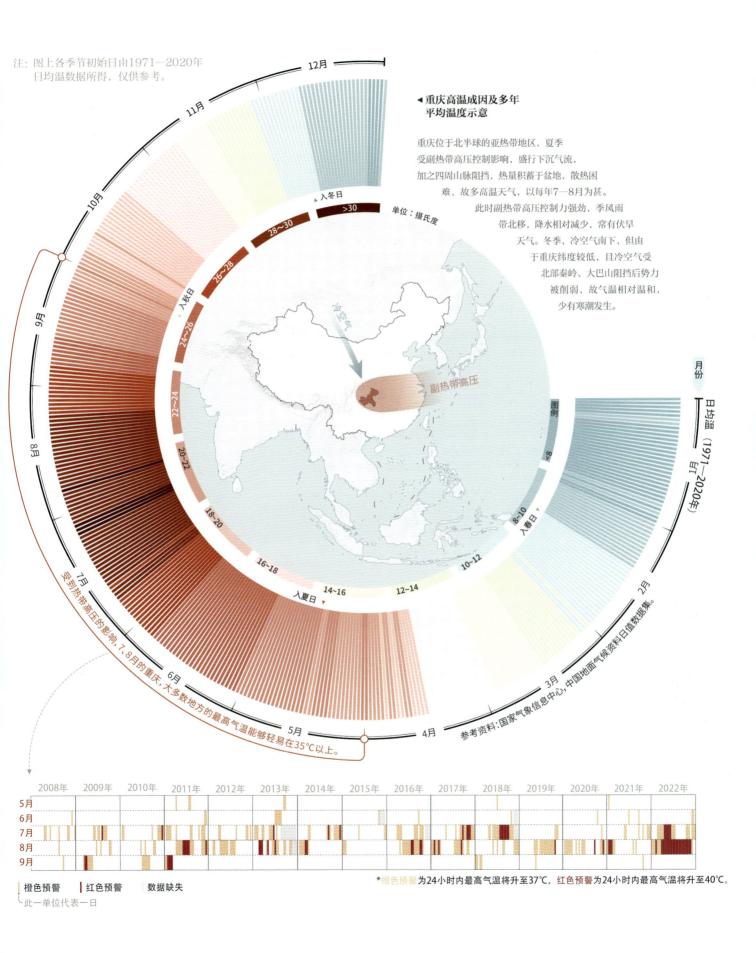

注：图上各季节初始日由1971—2020年
日均温数据所得，仅供参考。

12月

11月

10月

9月

8月

7月

6月

5月

▲重庆高温成因及多年
平均温度示意

重庆位于北半球的亚热带地区，夏季
受副热带高压控制影响，盛行下沉气流，
加之四周山脉阻挡，热量积蓄于盆地，散热困
难，故多高温天气，以每年7—8月为甚。
此时副热带高压控制力强劲，季风雨
带北移，降水相对减少，常有伏旱
天气。冬季，冷空气南下，但由
于重庆纬度较低，且冷空气受
北部秦岭、大巴山阻挡后势力
被削弱，故气温相对温和，
少有寒潮发生。

入冬日

>30

单位：摄氏度

28~30

入秋日

24~26

冷空气

22~24

20~22

18~20

副热带高压

16~18

14~16

入夏日

月份

日均温
（1971—2020年）

图例

>8
<8
8~10
入春日
10~12
12~14

受到副热带高压的影响，7、8月的重庆，大多数地方的最高气温能够轻易在35℃以上。

2月

3月

4月

参考资料：国家气象信息中心，中国地面气候资料日值数据集。

	2008年	2009年	2010年	2011年	2012年	2013年	2014年	2015年	2016年	2017年	2018年	2019年	2020年	2021年	2022年
5月															
6月															
7月															
8月															
9月															

■ 橙色预警　■ 红色预警　■ 数据缺失

此一单位代表一日

* 橙色预警 为24小时内最高气温将升至37℃，红色预警 为24小时内最高气温将升至40℃。

1 | 2

1　**重庆山火 / 摄影　王正坤**
　　2022年夏，重庆持续高温引发山火。璧山、巴南、涪陵、江津、南川、大足、北碚、奉节、长寿这9区县发生多起火灾。图为2022年8月22日拍摄的巴南区山火，救援队在历经86个小时的奋力扑救后，于2022年8月25日7时将巴南区明火彻底扑灭。

2　**北碚山火 / 摄影　周瑄**
　　2022年8月25日，北碚区歇马街道的山火已经持续了4天，火势一路向北蔓延。摄影师用航拍的视角记录下了这动人的一幕：两条熊熊燃烧的"火龙"，与救援部队蓝色头灯组成的"光链"在夜幕中交错。

2

喀斯特王国

当水汽降落成雨，形成涓涓水流，与重庆大地亲密接触的那一刻，
水便对重庆的地表和地下开始了第二重塑造。

这场塑造依然由板块碰撞拉开序幕。在重庆西南部，平坦、完整的
红层被整体抬升到高处，接受流水的侵蚀，形成顶平、崖陡的红色
山体，气势恢宏的丹霞地貌就此显露。例如重庆西南部的四面山便
是典型的丹霞地貌，高挂的瀑布从高耸的红色环状崖壁之上坠落，
恰似诗中所描绘的"疑是银河落九天"。

俯瞰水口寺瀑布 / 摄影 李琼
水口寺瀑布位于江津区四面山景区，高94.18米，最大流量超过每秒120立方米，
是景区"第四高"和流量最大的瀑布。垂挂的飞瀑与赤崖、森林交相辉映，尤为惊艳。

红层之下，则是巨厚的石灰岩。石灰岩的主要成分为碳酸钙，它能够与水中的二氧化碳发生化学反应，进而被水溶解、带走。在重庆西部，部分山岭顶部的红层被外力风化剥离，露出了大面积的石灰岩。坚硬的红层岩石与脆弱的石灰岩交替出现，随着降雨及流水溶蚀，便形成"一山一槽二岭"或"一山二槽三岭"的独特景观。其中相对平坦的槽谷适于人们生产建设，不过，不乏一些小城镇依建在山岭之上。

当水流在平行岭上沿着石灰岩的裂隙渗入地下时，它就会因地热增温变成地热水。这些地热水在遇到薄弱的地层时，便会在压力的作用下喷涌而出，形成温泉。在重庆西部，几乎每一条平行岭谷低洼处都有温泉分布，即便是身处都市的重庆人，也可以惬意地享受一泓泓温泉。

"一山一槽二岭"景观／摄影 瞿晓峰
图中离我们最近的为南山，是重庆平行岭谷中的一条山脉，其山顶部分在雨水的溶蚀作用下，形成了狭长的槽谷，从高处俯瞰，呈现"一山一槽二岭"的独特景观。

在重庆东部，山岭隆升更为剧烈，覆盖在上部的红层几乎被外力风化殆尽，使得原本处在下部的石灰岩完全露出地表。在水流的作用下，诞生了各式各样的喀斯特地貌景观。

水流先沿着石灰岩缝隙，将岩表溶蚀出凹槽。在历经数十万年的溶蚀、冲刷后，岩表形成溶沟，原先完整的岩体被切割，发育成一丛丛"石林"。在重庆的最南部，姿态万千的万盛石林为人们展示着超过 4 亿年的地质变迁。这里是中国成岩年代最古老的石林之一，被誉为"石林之祖"。而在重庆东南部的酉阳，氧化的铁元素染红了石灰岩，给这里带来了壮观的红石林景观。

随着地壳抬升速度加快，水流还能"利用"地势高差急剧下切，在大地"刻"下一道道幽深的地缝、峡谷。在奉节，有着全长近 37 千米的奉节地缝群。其中天井峡地缝格外幽深，最窄处不过 1 米，最大深度却达 229 米。而在黔江，长达 10 千米的芭拉胡（土家语，意为峡谷）横亘于黔江主城、舟白街道、正阳街道之间，形成了世间罕见的"峡在城中"的景观。

在地壳抬升剧烈、岩石厚重的地方，水流甚至可以塑造高耸的山峰。有一些山峰造型独特，它们四周是陡峭的崖壁，而顶部相对平坦，犹如一张桌面，因而被形象地称为"喀斯特桌山"。海拔 2238.2 米的南川区金佛山是喀斯特桌山的代表，它在 2014 年作为"中国南方喀斯特"的一部分，被列入《世界自然遗产名录》。

1

2

1　万盛石林/摄影　刘琳
万盛石林又称龙鳞石海，是重庆最奇特的石林之一，这里的石林形态各异，有石扇、石龟、石墓、石峡、化石、石鼓、石塔等景观，极尽自然造物之灵。

2　西阳红石林/摄影　刘琳
此处红石林位于酉阳县东部的西水河西岸，是重庆市内规模最大和分布最为集中的红石林。因岩石中富含三价铁离子，故石林外观呈殷红或暗紫色。

天井峡地缝 / 摄影 丁少平
天井峡地缝位于奉节县兴隆镇境内，是中国最长的地缝。图中的地缝如一道被斧子劈开的狭长裂口，蜿蜒在山峦间。

青天峡地缝／摄影 刘平华
青天峡地缝位于涪陵区武陵山乡境内武陵山大裂谷景区，全长1500米，平均深度超过300米。人们可通过悬挂的栈道穿越地缝欣赏奇绝景观。

金佛山桌山 / 摄影 魏建
图片拍摄于南川区金佛山风吹岭。图中金佛山山顶较为平坦，四周为石灰岩陡崖，远远望去似一
张方桌。图中离我们较近的瀑布为龙岩飞瀑，也被称为"马尿水瀑布"，高约200米。

在水流塑造出的山峰中，更为常见的则是一簇簇高耸如锥、底部相连的**峰丛**。有的峰丛被水流进一步"雕琢"，底部相连的部分会被"切开"，形成一片片独立散布的峰林。

而在流水的进一步侵蚀下，峰林会逐渐消失，变成一座座孤峰。随着流水不断作用，最终大地重回平坦，形成喀斯特平原。

位于重庆东南部的秀山平原，面积超过 200 平方千米，是重庆面积最大的喀斯特平原，给山地广布的重庆带来难得的平原景观。人们在这里建立城镇，开垦农田，秀山也因此享有"小成都"的盛名。

奉节群乳峰 / 摄影 胡兴波
群乳峰地处奉节县东南部的兴隆镇，由数座连绵突起的小山峰组成，
因形似乳房而得名。此区域内的石峰有上千座，村落与农田散布在群峰之间。
每当山雾升起时，群乳峰仿佛沐浴在云海之中。

崖风洞 / 摄影 陈亮
崖风洞位于渝北区张关镇，图中的探险者正在洞中进行探洞活动。

但水流对地形的塑造远不止于此，在黑暗的地下，还"隐匿"着一个个奇异瑰丽的"幽冥世界"。

水流首先入侵地表的缝隙、孔洞，形成**落水洞**和**竖井**。在武隆区天星乡[1]，人们共发现 56 处竖井，不少竖井的垂直深度超过 600 米，成为一个个幽深地底的黑暗入口。其中最深的当数气坑洞，它的垂直深度有近 1000 米，比两座上海东方明珠塔（468 米）叠起来还要高，是目前在中国发现的垂直深度最深的喀斯特竖井。

1. 与天星乡的同名地较多，如巫溪县的天星乡，此处特指武隆区的天星乡。

水流在地下继续发挥天工之力，雕蚀出深不可测的溶洞。洞穴内，原本溶于水的碳酸钙等矿物再次得到析出、沉积，育化出美轮美奂的钟乳石、石笋等**次生沉积物景观**。

在重庆丰都年轻的雪玉洞中，石笋、钟乳石正在快速生长。由于这里的水所含杂质较少，洞穴中的碳酸钙沉积异常洁白，如雪似玉。

而在武隆芙蓉洞，滴水、流水、池水、飞溅水、毛细水等不同状态的细小水流，塑造出数十种形态各异的沉积物景观。其中既有较为常见的钟乳石、石笋、石柱，又有极为罕见的犬牙状方解石晶花、珊瑚状池水沉积、浮筏石笋、石膏花等景观。**由于洞中的沉积物景观千姿百态，芙蓉洞荣膺"洞穴科学博物馆"的美名，它也是中国第一个被列入《世界自然遗产名录》的喀斯特洞穴。**

$$\frac{1}{\frac{2}{\ }\ 3}$$

1　芙蓉洞的石幔 / 摄影　赵揭宇
石幔也称石帘，属重力水沉积物。含碳酸钙的渗流水沿着芙蓉洞的洞顶和洞壁常年流动，受重力影响自上而下沉积，最终形成层状的石幔。

2　芙蓉洞的石花 / 摄影　赵揭宇
石花属非重力水沉积物，由于不受重力影响，可往任何方向生长，多呈丛花状或树枝状。

3　钟乳石上的卷曲石 / 摄影　赵揭宇
卷曲石是钟乳石的一种，由于受重力影响较小，常常侧向自由生长，呈现螺旋状或发髻状。

芙蓉洞 / 摄影 赵揭宇
芙蓉洞形成于120多万年前的第四纪更新世。洞内沉积物类型众多，景观绮丽，被誉为"世界三大洞穴"之一。图中景观拍摄于武隆区芙蓉洞未开发洞段

芙蓉洞全貌
[洞穴科学博物馆]

芙蓉洞主要由前段的艺术长廊、辉煌大厅等游览洞穴，中后段的未开放区域，以及末端的竖井组成。其洞体庞大，主洞长 2700 米，宽度在 30～50 米，总面积达 3.7 万平方米。次生化学沉积物形态众多，有 70 余种，几乎包括了钟乳石类所有沉积类型。由于形成条件复杂多变，各种稀有品种层出不穷。自 1993 年被发现，1994 年 5 月正式对外开放以来，芙蓉洞凭借这些令人叹为观止的景观，吸引着数千万人的目光。

▼ 芙蓉洞的垂直高度示意

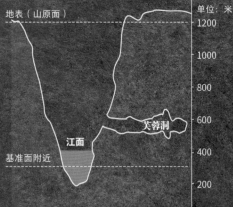

地表（山原面）
单位：米
江面
基准面附近
芙蓉洞

▼ 芙蓉洞与芙蓉江的位置关系

芙蓉洞位于武隆区江口镇以南4千米的芙蓉江畔，洞口高于河水面260米。

图例
○ 景点
← 游览路线

注：非严格还原，仅作示意

芙　蓉　江

◎ 辉煌大厅

芙蓉洞中最大的一个洞穴，面积为1.1万平方米，约为芙蓉洞面积的1/3。

◎ 崩塌大厅

受2008年汶川大地震的影响，此区域洞顶上的大型钟乳石出现大面积坠落，原有道路被覆盖，至今未对外开放。

◎ 艺术长廊

最富有"艺术"气息的一条长廊，四周布满由滴水、流水等水文机制作用而成的石笋、钟乳石、石花、石幔。它们形态各异，有的如"桂林山水"，有的似"巨型雕龙"。

隧　光　时　道

出口

入口

盾　宗　支　洞

◎ 鹿角石枝

即鹿角形状的卷曲石，一般长20～30厘米，最长有50厘米以上，由饱含碳酸钙的水从洞壁或钟乳石的毛细管状细孔中渗出沉积而成。卷曲石通常十分纤细，直径从不足1毫米到几毫米不等，因其生长方向受重力影响小，常为弯曲状。

◎ 动物化石

2001年中外联合探险队在对石膏花支洞进行考察时，发现一处石坎上散落着超过10块动物化石，但由于不知为何物，便将其留在原地。直到4年后中国科学院的研究员再度探访时，才检测出其是距今约3万年的熊猫化石。这里还有少量刺猬牙齿化石、蝙蝠遗骸。

◎ 吊篮厅

位于洞穴的最末端，是芙蓉洞最深的竖井，深度达229米。

229米

支洞

高 层 走 廊 文 石 花 宫

未开放区域

由于大量二氧化碳气体和人为触碰会造成对"犬牙晶花"等珍稀景观的破坏，加上多次崩塌事件可能带来的安全隐患，崩塌大厅及其之后区域暂不对外开放。

▶ 芙蓉洞景点游览线路图

琼花池
擎天玉柱
火箭待发
玉门关
金銮宝殿
大小雁塔
九天银柱
巨幕山
生命之源
八仙过海
万箭挂壁
艺术长廊
葡萄园
龙宫
莲花池
穴盾支洞
芙蓉睡佛
松柏会仙
祥瑞迎宾
入口
出口
时光隧道
珊瑚瑶池
贵妃浴池
银丝玉缕
石花之王
犬牙晶花池
巨幕飞瀑

石膏花支洞
高层走廊
文石花宫

吊篮厅

北

0   100米

图例

景 点
游览道
未开放

▶ 芙蓉洞在重庆的位置示意

北

重庆
武隆区   芙蓉洞

芙蓉洞辉煌大厅
内部解剖示意

辉煌大厅是芙蓉洞最大的一个洞厅，洞内各种次生化学沉积物琳琅满目。其中，不乏犬牙状晶花、卷曲石等国内稀有景观。

▼ 辉煌大厅面积约为26个标准篮球场的大小

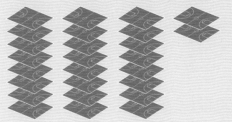

28米

15米

③ 珊瑚瑶池

占地面积为32平方米，水位常年保持在0.8米左右，是世界上面积最大的一处水塘沉积景观。池中形似珊瑚的沉积物并非珊瑚，而是由水中色泽浅黄的方解石晶花和浮筏石笋构成的。此外，在瑶池上部，还布满形态各异的钟乳石、石幔等，极其壮观。

② 擎天玉柱

向下生长的钟乳石与向上生长的石笋碰撞到一起，便形成了石柱，而身长60～70米的擎天玉柱便是其中的代表。由于顶端洞壁常年仍有滴水凝结，它在持续变得更粗壮。

① 火箭待发

在红色灯光点缀之下，巨大的石笋像是一枚即将升空的火箭。石笋一般生长于溶洞底部，由洞顶饱含碳酸钙的滴水落下结晶而成。生长速度快则每百年10厘米，慢则每千年1毫米或停止生长，所以一根巨型石笋的诞生往往历经数百年，甚至上千年。

此处放置重庆解放碑，仅作高度对比用。

图例

· 景点

▤ 游览道

← 游览路线

约40米

27.5米

我是如此渺小

注：非严格还原，仅作示意

摄影／邱朝平

⑤ 犬牙晶花池

与珊瑚瑶池中呈菜花、葡萄等形状的方晶石不同，犬牙晶花池的方晶石皆色泽纯白，形似犬牙，故得名"犬牙晶花"。在世界范围内极其罕见，其形成原因目前依然是一个谜。

▼ 辉煌大厅位置示意

火箭待发
擎天玉柱
珊瑚瑶池
贵妃浴池
犬牙晶花池

出口

入口

图 例

● ○ 景点

━━ 游览道

┄┄ 未开放

● 大厅范围

北

0　　　100米

④ 贵妃浴池

在清澈的池水中，一根石笋亭亭玉立，欲出水面，似贵妃出浴。

芙蓉洞洞底总面积为37000平方米

29.7%

辉煌大厅
面积占比

水流在重庆地下世界的"施工"并非孤立"作战"，如芙蓉洞、气坑洞等溶洞、竖井，被细流串联成复杂的地下迷宫，构成规模庞大的洞穴系统。细流在这些洞穴系统中暗自涌动，最终汇聚，形成**暗河**。

在重庆，一些暗河的长度可达数十千米，如龙桥暗河，它在奉节的大山之中潜入地下后，曲折流过 50 千米，才在湖北恩施复出地面。

更多的暗河虽然长度有限，却拥有极为独特的景观。如位于黔江的蒲花暗河，流水在暗河的上方"凿"出多个"天窗"，进入暗河游览的人们在光明与黑暗中反复穿梭，仿佛度过了"三天两夜"。

1 | 2

1 **乘船游览蒲花暗河 / 摄影 杨敏**
蒲花暗河长1.6千米，地下河段长度为700余米。图中的游船正从溶洞中驶出，由"黑暗"进入"光明"。

2 **蒲花暗河的明暗之间 / 摄影 陈安全**
乘船游览暗河，还可观赏到水上"天生三桥"的喀斯特景观。

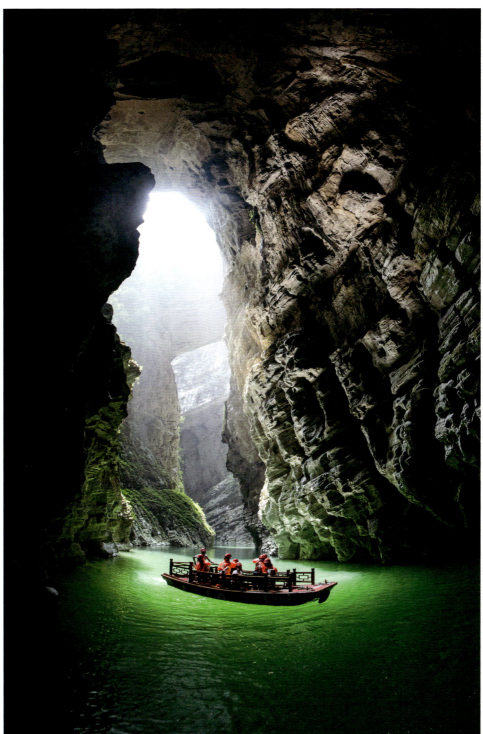

在完成对地下世界的塑造后，水流逐渐停止了它的步伐。在重力作用下，地下洞穴大厅顶板逐渐坍塌，使地下世界重见天日。坍塌物被地下河流带走，新的喀斯特景观——**塌陷型天坑**就此诞生。

在云阳，洞穴坍塌形成了一个深度超过 335 米的椭圆形天坑，在山体的包围下，形如一口巨大的石缸。同时，又因龙洞龙女的传说，它被当地人亲切地称为"龙缸"。

在奉节，不同时期的地下溶洞发生了两次坍塌，形成了深达 662.2 米、呈双层嵌套结构的小寨天坑。**这也是世界上目前被发现的最深的天坑，可以将中国最高的人造建筑物——632 米的上海中心大厦轻松纳入。**

坍塌型天坑一般都是自下而上发育而成的，即地下先形成洞穴，再发生坍塌，而另一种罕见的天坑——**冲蚀型天坑**却是自上而下发育的。也就是说，水流通过不断侵蚀地表上的缝隙，先形成落水洞，随着落水洞不断扩大，最终形成冲蚀型天坑。在武隆区后坪乡，箐口、石王洞、牛鼻子等五处天坑构成了世界上数量极其罕见的冲蚀型天坑群——后坪天坑群。

当地下河顶板尚未全部坍塌，还残留一些岩层横亘在地下河之上，便会形成独特的**天生桥**景观。在武隆区，天龙桥、青龙桥、黑龙桥三处天生桥被天龙天坑、神鹰天坑相隔，组合成罕见的"天生三桥"景观。

$\dfrac{1}{2}$

1　**天龙桥与天龙坑 / 摄影　王俊杰**
天生三桥也被称作"三桥夹两坑"。图中的桥为天龙桥，桥下的天坑为天龙天坑。
坐落在坑底的院落为"天福官驿"，曾是张艺谋导演的电影《满城尽带黄金甲》的拍摄地。

2　**奉节小寨天坑 / 摄影　王传贵**
奉节小寨天坑为塌陷型天坑，经两次岩层崩塌形成，
呈"上大下小"双层嵌套结构。

岩 溶 海 洋

重庆主要岩溶地貌类型示意

水流在渝东南和渝东北的碳酸盐岩中不断穿梭，塑造出重庆
类型极尽丰富的岩溶地貌（喀斯特地貌）。地表之上，是突
兀奇绝的桌山、石林及平坦的喀斯特平原；地表之下，是深
不可测的竖井、地缝、溶洞及溶洞坍塌后形成的形状各异的
天坑、天生桥。

图 例

竖井   河流峡谷
石林   地缝
洞穴   暗河
天坑   天生桥
桌山   喀斯特地貌

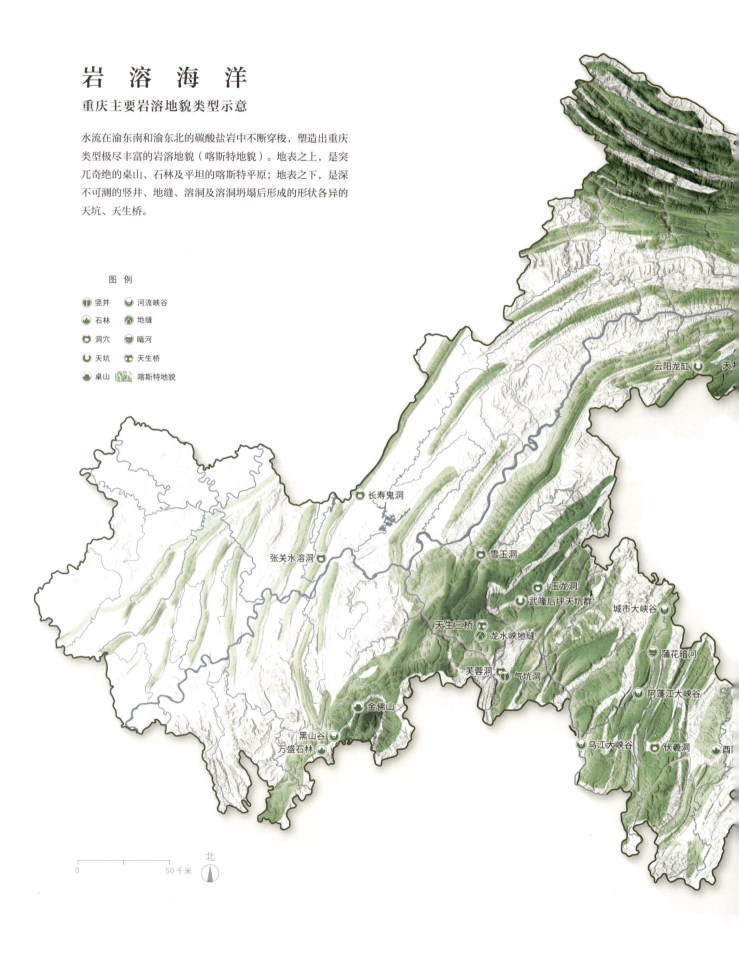

云阳龙缸   天井
长寿鬼洞
张关水溶洞
雪玉洞
玉龙洞
武隆后坪天坑群
城市大峡谷
天生三桥
龙水峡地缝
蒲花暗河
芙蓉洞   气坑洞
阿蓬江大峡谷
金佛山
黑山谷
万盛石林
乌江大峡谷   伏羲洞   酉
北
0   50 千米

或许，人们在提起喀斯特景观时，会想起云南昆明的石林、广西桂林的山水、贵州荔波的峰林与峰丛。但在重庆，它的分布同样广泛（占据超过1/3的市域面积[1]），同样精彩、出众。**就这样，水流从地上到地下，再从地下回到地表，塑造了重庆形态各异又独具一格的喀斯特地貌，将重庆打造成美丽而奇特的"喀斯特王国"。**

---

1. 在重庆市，碳酸盐岩出露面积为 3.01 万平方千米。

云阳龙缸 / 摄影 谭仁军
云阳龙缸为塌陷型天坑，缸口呈不规则椭圆状，四周群山起伏，有"天下第一缸"的
美称。图中蜿蜒在峡谷间的河流为石笋河。

3

江峡相拥

在重庆，地下、地上的水流进一步汇聚，奔涌咆哮的江河最终形成。至此，水流开启了对重庆的第三重塑造，江河将自身铸为一把把利剑，斩断并冲破禁锢重庆的枷锁。

放眼整个四川盆地，西北高东南低的整体地势让发源于四周高山的江河向东南部汇聚，位于盆地东南部的重庆接纳了诸多江河，其中最大的一条当数横贯四川盆地南部、奔流向东的长江。它发源于青藏高原，在跋涉 3000 多千米后，自江津进入重庆，在此激荡691 千米，历经 18 个区县，最终从巫山进入湖北。长江重庆段的长度在长江总长度中的占比超过 1/10，而重庆境内的绝大多数河流，都将汇入这条超级大江，一同奔向东海。

江上行舟 / 摄影　张万春
图片摄于长江瞿塘峡夔门段。夔门山势雄奇，堪称天下雄关，
是航船过三峡时的必经之地。

在重庆境内汇入长江的众多支流中，有两支格外庞大，分列长江南北两岸。

在北岸，全长 1132 千米[1] 的嘉陵江缓缓南流。嘉陵江古称"渝水"，这使重庆有了"渝"这一简称。它发源于陕西秦岭南麓，一路南行，穿过近半个四川盆地，流域面积达近 15.9 万平方千米，是长江流域面积最大的一条支流。嘉陵江从西部的合川进入重庆，随后在这里接纳渠江、涪江两条长度超过 600 千米的支流，最终在渝中半岛汇入长江。由于长江以北落差较小，河水流速减慢，对河岸的侧蚀[2] 更为明显，嘉陵江及其支流形成了蜿蜒的曲流景观。特别是在三江交汇的合川，从高处向下望，江水犹如折叠的衣带。

---

1. 文中所涉河流长度均采用来自重庆市水利局的数据。
2. 侧蚀也称"旁蚀"，指河流对两岸的侵蚀作用。

乌江画廊 / 摄影·黄健
"乌江画廊"即乌江流经的渝东南、黔东北接合地带,以奇山、怪石、碧水、险滩等众多景观闻名,
享有"千里乌江,百里画廊"的美誉。乘船行于乌江,如在画中游览。

重庆长江水系示意

长江从西南向东北斜贯重庆，全市境内所有河流皆在长江的"辐射"之下。其中较大的长江一级支流，如嘉陵江、乌江，同样吸纳众多次级支流，形成庞大的水系。此外，重庆境内的一些河流会注入洞庭湖、沱江、汉江等水系，最终汇入长江。

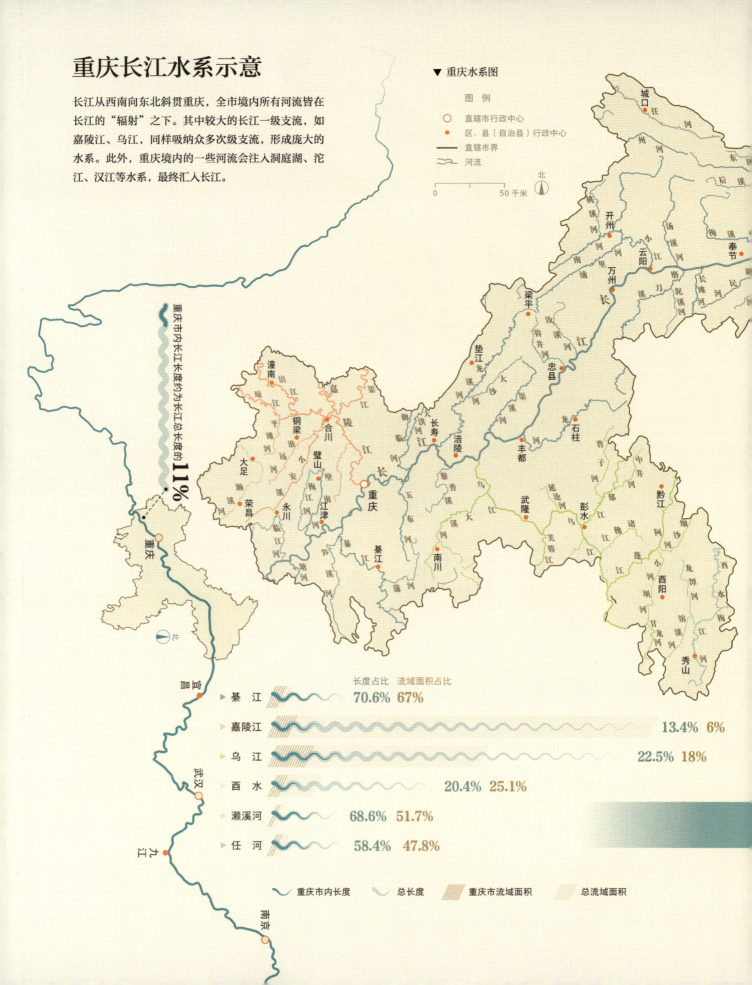

▼ 重庆水系图

图例
○ 直辖市行政中心
● 区、县（自治县）行政中心
── 直辖市界
〰 河流

北
0   50 千米

重庆市内长江长度约为长江总长度的 **11%**

		长度占比	流域面积占比
▶ 綦　江		70.6%	67%
▶ 嘉陵江		13.4%	6%
▶ 乌　江		22.5%	18%
酉　水		20.4%	25.1%
▶ 濑溪河		68.6%	51.7%
▶ 任　河		58.4%	47.8%

重庆市内长度　　总长度　　重庆市流域面积　　总流域面积

在长江南岸，则有全长993千米、发源于贵州乌蒙山的乌江，从东南部的酉阳进入重庆。它奔腾北流，接纳了阿蓬江、芙蓉江等支流，最终在涪陵汇入长江。由于乌江及其支流主要流经喀斯特景观广布的武陵山区，秀美的风景让这里享有"百里画廊"的美誉。与相对平缓的嘉陵江不同，云贵高原与四川盆地间的巨大落差，赋予了乌江巨大的能量。江水冲击河床，形成了众多险滩激流。

嘉陵江、乌江之外，一些河流也成了重庆市外大江大河的支流。在重庆西部，濑溪河偏向西南，注入四川境内的沱江。在重庆东部，南北各有一条流向十分"叛逆"的河流：在渝东北，任河向西北流出重庆，最终注入汉江；在渝东南，酉水河先向南、后向东注入沅江，成为洞庭湖水系的一部分。

更多的江河，经过重庆的山地之后，径直流入长江干流。綦江、御临河、龙溪河、小江、磨刀溪、大宁河等河流自东向西，在南北两岸汇入长江。

就这样，以嘉陵江、乌江、綦江等较大规模的长江支流为骨，数千条中小河流为网络，重庆形成了以长江为干流的向心状水系。

巫峡／摄影 李杰
巫峡西起于重庆市巫山县，东至湖北省巴东县，以幽深秀丽著称。图片拍摄于巫山县巫峡段，三峡大坝蓄水后，形成了"高峡出平湖"的新景观。

巨大的江河化身利剑挥向群山，给重庆的地表带来了震撼人心的巨变，巨变的产物便是大大小小的峡谷。最为浩荡的长江挥剑劈向巫山，劈出大名鼎鼎的长江三峡。

长江三峡自西向东包括瞿塘峡、巫峡、西陵峡三段峡谷，其中的瞿塘峡完全位于重庆境内，巫峡则处在重庆与湖北之间。四川盆地内的江河，几乎都要通过三峡向东流去，"上有万仞山，下有千丈水。苍苍两崖间，阔狭容一苇"。高耸的巫山与长江的激流相遇，为神州大地带来动人心魄的峡谷景观。

巫峡翠屏峰 / 摄影 王正坤
翠屏峰是巫山十二峰（也称巫峡十二峰）之一，海拔740米。其山体为石灰岩，经水流长期溶
蚀，岩体沿缝隙向下垮落，形成如翠绿屏风般的喀斯特景观。

▼ 长江三峡地形及主要景观位置

重庆 ◀ ▶ 湖北

巫溪县 ●

大昌古镇 🏛

小小三峡 🏛

大 宁 河

巫峡

瞿塘峡
白帝城 🏛
赤甲山 ⛰

巫山小三峡 🏛
文峰观 🏛
金盔银甲峡 🏛
神女峰 ⛰

巫山县 ●

奉节县 ●

白盐山 ⛰
神女景区 🏛

梅 溪 河

长 河 民 溪

长 滩 河

长 江

图例

工程 / 河流峡谷
山峰 / 人文古迹
洞穴 / ● 县级行政中心

▼ 瞿塘峡、巫峡、西陵峡长度对比

白帝城
瞿塘峡 8千米
巫山大溪乡

巫山大宁河口
巫峡 46千米
巴东官渡口

秭归香溪河口
西陵峡 66千米
南津关

重庆奉节
湖北宜昌

三峡总长度193千米

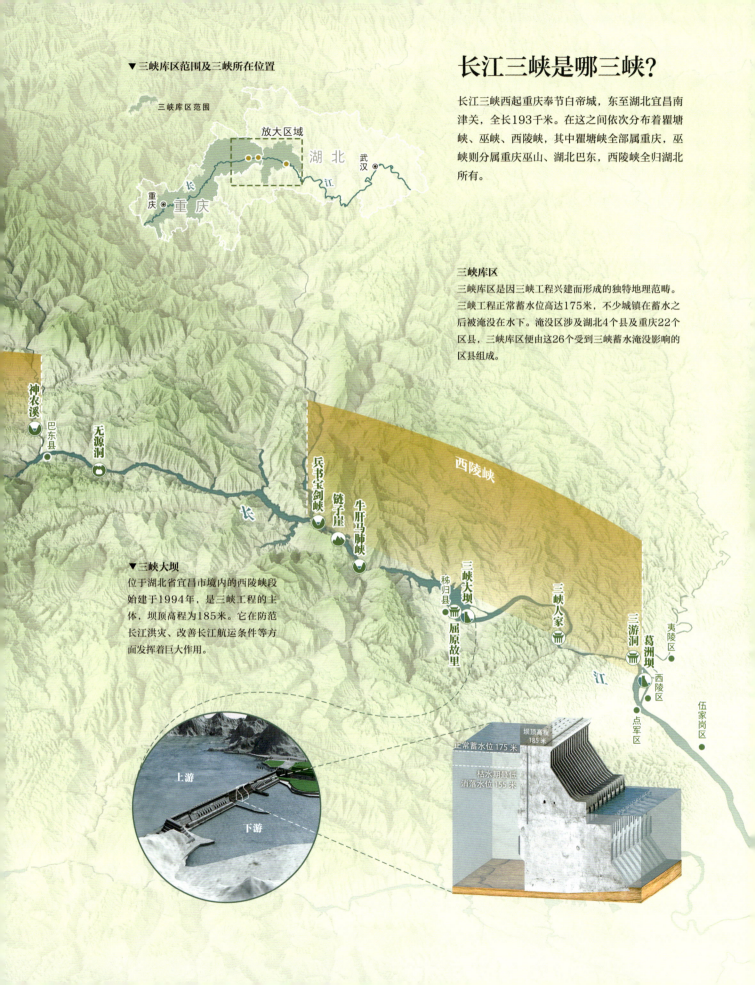

▼ 三峡库区范围及三峡所在位置

三峡库区范围

放大区域

湖北

武汉

长江

重庆

重庆

长江三峡是哪三峡？

长江三峡西起重庆奉节白帝城，东至湖北宜昌南津关，全长193千米。在这之间依次分布着瞿塘峡、巫峡、西陵峡，其中瞿塘峡全部属重庆，巫峡则分属重庆巫山、湖北巴东，西陵峡全归湖北所有。

三峡库区

三峡库区是因三峡工程兴建而形成的独特地理范畴。三峡工程正常蓄水位高达175米，不少城镇在蓄水之后被淹没在水下。淹没区涉及湖北4个县及重庆22个区县，三峡库区便由这26个受到三峡蓄水淹没影响的区县组成。

神农溪

巴东县

无源洞

西陵峡

兵书宝剑峡

链子崖

牛肝马肺峡

长江

秭归县

三峡大坝

三峡人家

屈原故里

三游洞

夷陵区

葛洲坝

西陵区

伍家岗区

点军区

▼ 三峡大坝

位于湖北省宜昌市境内的西陵峡段始建于1994年，是三峡工程的主体，坝顶高程为185米。它在防范长江洪灾、改善长江航运条件等方面发挥着巨大作用。

上游

下游

坝顶高程185米

正常蓄水位175米

枯水期最低消落水位155米

然而，重庆的峡谷又岂止著名的长江三峡。

在重庆西部，长江在截断巫山，塑造三峡之前，就已斩断中梁山、铜锣山、明月山、黄草山等平行岭，形成猫儿峡、铜锣峡、明月峡、黄草峡等峡谷。

长江干流之外，众多河流也都拥有属于自己的"三峡"。在渝东北三峡地区，长江支流大宁河上有龙门峡、巴雾峡、滴翠峡组成的"巫山小三峡"；大宁河的支流马渡河上，则又有三撑峡、秦王峡、长滩峡组成的"小小三峡"，三峡之内又有三峡，如同不断嵌套的"三峡套娃"。

在重庆东南部，乌江的支流鸭江上，谷雨峡、花园峡、犁辕峡组成了"鸭江小三峡"。而在重庆西北部，嘉陵江干流穿过云雾山、缙云山、中梁山，分别形成了沥鼻峡、温塘峡、观音峡组成的"嘉陵江小三峡"。**各种"三峡"遍布重庆，让"山城"在江河的作用下成为"峡城"。**

$\dfrac{1}{2}$

1　巫山小三峡鱼头湾景区 / 摄影 张坤琨
图片拍摄于巫山县双龙镇安静村。鱼头湾位于小三峡滴翠峡内，
外形似一条在水中游荡的鲢鱼。

2　巫山小三峡鱼头湾红叶 / 摄影 王正坤
鱼头湾景区是巫山红叶的观赏地点之一。巫山县有近200个品种的红叶，
红叶总面积超过800平方千米，可与北京香山的红叶景观媲美。

142

重庆的峡谷数量如此之多，其中有两种峡谷最为醒目。

第一种以平行岭谷上形成的"嘉陵江小三峡"为代表。与人们的常识不相符的是，嘉陵江并没有像一般河流那样沿着山谷流淌，而是正面撞击平行岭谷的数条山岭，将山体横向斩断，形成一组峡谷。

嘉陵江小三峡的诞生，与河流、山岭形成的先后顺序有着密切关系。在平行岭谷形成以前，嘉陵江就已经在四川盆地内缓缓流淌。而随着板块碰撞的发生，平行岭谷开始隆升，但倔强的嘉陵江没有改道，依然在原河道的基础上继续向下侵蚀。当江水向下侵蚀的速度与山岭抬升的速度相协调时，江水便会维持原来的流路，而本该绵延的山岭则被切断形成峡谷，由于江水在峡谷诞生之前便已经存在，故此处被称作**先成河峡谷**。除了"嘉陵江小三峡"，长江上的猫儿峡、铜锣峡、明月峡、黄草峡等峡谷也都属于此类。

▼ 重庆主要峡谷分布

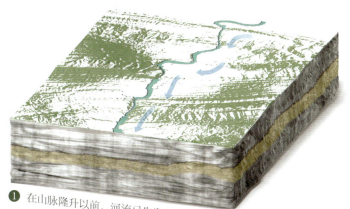

① 在山脉隆升以前，河流已先发育形成，缓缓流淌。

▶ 先成河峡谷形成示意

先成河峡谷的诞生，与河流形成和山脉隆升的先后顺序密切相关，是地壳运动与流水侵蚀共同作用的结果。

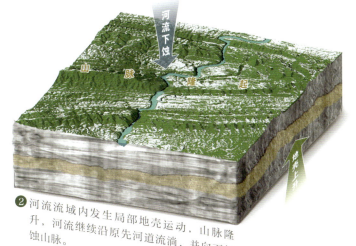

② 河流流域内发生局部地壳运动，山脉隆升，河流继续沿原先河道流淌，并向下侵蚀山脉。

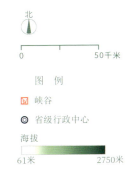

北

0　　　　　50千米

图　例

☒ 峡谷

◎ 省级行政中心

海拔

61米　　　　　2750米

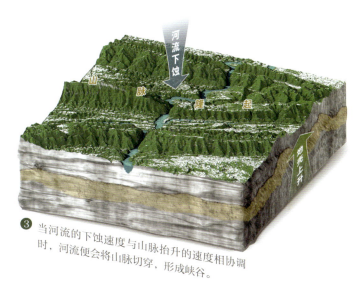

③ 当河流的下蚀速度与山脉抬升的速度相协调时，河流便会将山脉切穿，形成峡谷。

如果说先成河峡谷是倔强的江河正面挥刀向高山的结果，那么另一种峡谷便是在板块运动的"怂恿"下，江河对山岭隆起的进击。这一类峡谷的代表，则是大名鼎鼎的长江三峡，它由**溯源侵蚀**作用形成。

在 4000 万年前[1]，高大的巫山阻断了中国南方的东西水系。古长江发源于巫山东麓，经江汉平原流向东海。古川江则发源于巫山西麓，向西南进入四川盆地。然而，青藏高原的快速隆升造成了巫山与四川盆地的整体抬升，古川江与古长江的河道变得更加陡峭，江水拥有了更大的下切能量。随着季风势力的加强，丰沛的降雨带来更为充足的水源，古川江与古长江开始合力切割它们的源头——巫山。最终，巫山被切开，古长江与古川江连为一体。而被切穿的巫山则留下了这场江山搏击的壮美遗迹——长江三峡，正所谓"曾经沧海难为水，除却巫山不是云"。

古川江与古长江一同向源头侵蚀的过程即为"溯源侵蚀"，溯源侵蚀的结果，便是古川江开始掉头东流，成为古长江的一部分。而古长江继续向上游"入侵"，切穿一条又一条分水岭，最终侵入青藏高原，形成重庆乃至整个西南地区今日的江河格局。

---

1. 有关巫山被贯穿的时间，学术界争议较大，跨度从距今千万年至数十万年不等。

三峡贯通示意

在三峡贯通之前，古川江和古长江一直"遥相守望"。在溯源侵蚀的持续作用下，山岭才被击穿，形成峡谷，著名的瞿塘峡便是其中一例。

长江贯通示意

① 在三峡贯通前，瞿塘峡是西流的古川江和东流的古长江的分水岭。

② 由于溯源侵蚀作用，该河段首先发育出一条连通古川江和古长江的地下河，同时西高东低的地势促使部分古川江的水开始转向，向东流入古长江。

③ 随着流水不断侵蚀，地下河不断扩大，山岭顶层逐渐支撑不住，出现坍塌，峡谷最终形成。

▲ 瞿塘峡所在位置

▲ 三峡贯通示意图

瞿塘峡 / 摄影 王正坤
瞿塘峡是长江三峡的起点，西起奉节县，东至巫山县的大溪乡。瞿塘峡全长8千米，
是长江三峡中最短与最窄的一段峡谷，却因山势雄峻、江流湍急，成为三峡中最为人称道的风景。

木洞桃花岛 / 摄影 刘纪湄
木洞桃花岛位于重庆巴南区，又名苏家浩，是重庆第二大江心岛。其一侧原
与陆地相连，三峡大坝蓄水到最高水位后，它才成为四面环水的孤岛。

江河切割出了峡谷，还在重庆大地留下一众江心岛，其中以长江的江心岛最为典型。

长江从青藏高原上的高山峡谷奔流而来，重庆境内江水流速变缓时，河水中的泥
沙便开始沉积，形成为数众多的江心岛。最著名的12个江心岛，被誉为"十二金
钗"，其中最大的广阳岛，面积达8.4平方千米[1]。由于江心岛地势相对平坦，适合
农业生产，很早便吸引人类在此活动。抗日战争时期，人们在广阳岛、珊瑚坝和中

坝三个长江江心岛上，建设了抗战时期重庆五大机场中的三座。如今的江心岛既拥有面积辽阔的农场，又保有田园风光，可谓江河对重庆的馈赠。

---

1. 作为江心岛，广阳岛的面积会随着水位上升或下降而有所差异。枯水期时，其面积甚至可达 10 平方千米。

至此，水完成了对重庆的三重塑造，水汽让重庆成为烟雨朦胧的雾都，水流将重庆侵蚀为喀斯特的海洋，江河则为重庆带来新的机遇，将重庆打造成"江城"和"峡城"……山山水水成就了"江峡相拥，山环水绕"的重庆，人们印象中的"山城"与"江城"也终于拥有了清晰的轮廓。

山水虽已完成奠基，但重庆的故事远远没有结束。接下来，人类又将在这片土地上完成怎样的创造、建设怎样的家园呢？

云雾奔腾的南山／摄影 王正坤
图为雨后的南山清晨，雾气正如海水般向重庆中心城区奔涌。左下角矗立在山顶的是南山的标志性建筑——大金鹰雕塑，在云雾的衬托下尤为突出。

第三部分

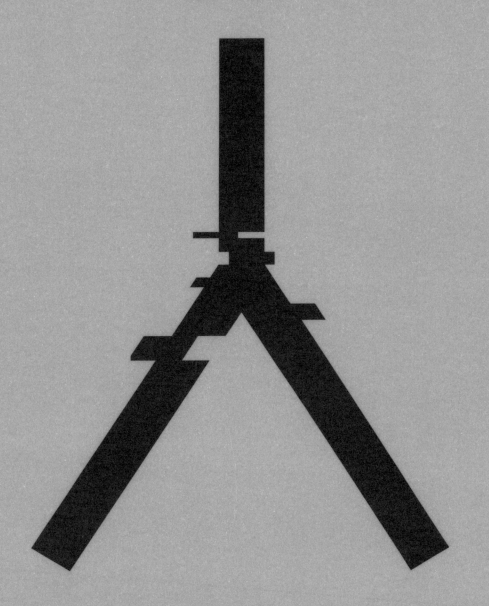

千里江山的
解锁

千里江山的
辉煌

早在 200 万年前，三峡地区就已经有古人类活动的痕迹。在重庆巫山龙骨坡，神秘的古人类在这里留下了距今有 200 万年的石器，此处成为亚欧大陆最古老的古人类遗迹之一，昭示着数百万年前这里已经初露文明的曙光。

截至 2022 年，重庆市常住人口超过 3200 万，中心城区常住人口则超过 1000 万，是全国人口最多的直辖市。其实早在明清时期，重庆府就已是四川盆地人口最多的地区。面对如此庞大的人口规模，我们不禁发出疑问，重庆人从哪里来？

事实上，在长达数千年的历史中，重庆地区不断接纳来自四面八方的移民。无数个普普通通的平民英雄聚合在这里，与这片土地"正面交锋"，让重庆焕然一新。

1

移民到来

早在战国时期，活跃在汉水流域的巴人由于在与楚国的对抗中落于下风，被迫迁入三峡地区，建都于如今的重庆地区，成为重庆最早的"移民"族群之一。他们与生活在巴蜀地区的众多部族交流融合，形成了尚勇武、崇巫鬼、喜歌舞、善工商的巴文化。如今留存的双鞘青铜剑、虎钮錞（chún）于[1]、悬棺葬等文物遗迹，都为我们展现着巴人曾经的世界。

随着民族间进一步的交流、融合，土家族逐渐形成。作为巴人后裔，土家族人继承了巴人能歌善舞的传统。在土家族人的啰儿调[2]、"舍巴日"[3]中，至今还流传着巴人的传说。除了土家族，苗族、仡佬族等少数民族也聚居于此，让重庆成为我国唯一一个设有少数民族自治地方[4]的直辖市。

---

1. 虎钮錞于是古代的打击乐器，因用虎图形作为上盖钮而得名。
2. 啰儿调是石柱土家族自治县的传统音乐，因歌词中大量运用"啰儿"和"哦儿嘟啰"等由"啰"字组成的衬词得名，乡韵浓郁，易于传唱。
3. "舍巴日"为土家语，汉语意译为"摆手舞"，是土家族人用于祭祀先祖、庆丰祈福的舞蹈活动。
4. 重庆共有四个少数民族自治县，分别为石柱土家族自治县、酉阳土家族苗族自治县、秀山土家族苗族自治县、彭水苗族土家族自治县。

1　踩花山节 / 摄影 罗嘉
踩花山节是苗族同胞祭祀蚩尤的传统节日，也称"花山节""踩花山"。
在这一天里，数万青年男女头戴华美银饰，身着艳丽服装，来到花坝，
齐歌共舞，场面如盛放的花海，热闹非凡。
图为彭水县蚩尤九黎城举办踩花山节的场景。

2　土家族摆手舞 / 摄影 杨敏
摆手舞按规模可分为"大摆手"和"小摆手"。
"大摆手"主要祭祀群族始祖，参与人数过万，舞蹈动作复杂；
"小摆手"主要祭祀本姓祖先，以村寨为单位举行，舞蹈以模仿农事动作为主。
图片拍摄于黔江区小南海镇新建村土家十三寨，村民们正在跳"小摆手"。

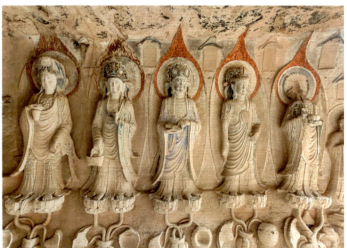

巴人的迁徙仅仅是一个开始。在漫长的历史中，中国北方地区频繁陷入战火。大量北方移民在战乱中翻越秦巴山地，来到相对安定和富足的四川盆地。他们不仅带来了工具与技术，也将精神信仰一并带往这里。

在宋代，定居的移民后代将对世俗生活的美好愿望带入宗教生活，他们向形形色色的神明祈求家庭平安兴旺、国家繁荣安康。他们不仅举办请神的仪式，还将神明与信仰雕刻在大足的崖壁上，形成了规模庞大、风格独特的大足石刻。

在大足石刻中，人们可以看到佛教的菩萨、罗汉，儒家的孔子及孔门弟子，道教的真人、法师。信众朴素的世俗愿望使得儒、释、道三家云集一地，和谐并存。

大足石刻既自带雍容威严的宗教气氛，又接纳着富有生活气息的世俗风格。威严的释迦涅槃圣迹图、规模巨大的六道轮回图、震撼人心的千手观音等佛教造像，都展现了古时能工巧匠的高超技艺。穿着宋代衣冠的释迦牟尼弟子、宋代将士模样的十大明王，以及悠闲的牧童、清秀的养鸡女，则尽显生活气息。

1	
2	
3	4

1　护法神龛 / 摄影 文林
宝顶山第2号龛，宋代凿刻。摩崖龛分上下两层，图中展示的为上层正中央的九尊主像，中间为佛，两边分列为八大菩萨的降魔化身。

2　释迦涅槃圣迹图 / 摄影 王啸
宝顶山第11号龛，宋代凿刻。图中展示了释迦牟尼"涅槃"的场景（"涅槃"为佛教用语，一般指代佛教修行所能达到的最高境界），其身长31米，侧身横卧于石崖之上。

3　十圣观音窟 / 摄影 王啸
石门山第6号窟，宋代凿刻。十圣观音窟的左右两壁分别凿有5个莲花座，各莲花座上伫立一尊观音，图中展示的为左壁的5尊观音。其中，最外侧的杨柳观音头在2004年被盗，实为可惜。

4　吹笛女 / 摄影 李宇鹏
吹笛女是大足石刻中少有的富有生活气息的石刻，出自宝顶山第17号龛"大方便佛报恩经变相"石刻中的一处。

1 | 2

1 **宝顶山石刻 / 摄影 周瑄**
大足石刻展现了我国石窟艺术的杰出成就，于1999年被联合国教科文组织列入
《世界遗产名录》。其广泛分布在大足区境内，共23处，其中宝顶山石刻规模
最大。图为参观宝顶山石刻的人们。

2 **孔雀明王窟 / 摄影 姚璐**
北山石刻第155号窟，宋代凿刻。位于洞窟正中央的为佛教护法神孔雀明王，
其端坐在孔雀背负的莲座之上，背后的佛光与孔雀尾巴相互交叠，直至窟顶。
而围绕着孔雀明王的崖壁之上则雕刻着千余尊佛像，体型虽小却姿态各异。

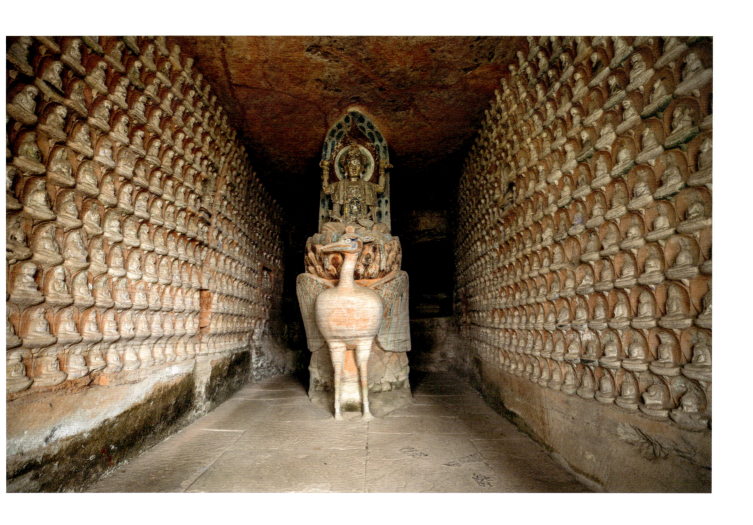

■ 大巴山通道
大巴山间的各处陆路。

米仓道：汉中一巴中
荔枝道：西乡一涪陵
王谷道：紫阳一城口
大宁河道：竹山一奉节

陕　西

汉中
西乡
紫阳
万源
城口
镇坪
竹山
巫溪
宣汉
开州
奉节
巴中
梁平
万州
建始
巫山
恩施
宜昌

嘉
陵
江

四川盆地

四
川

长
江

重庆
重　庆
涪陵
彭水
江津
綦江
乌
酉阳
江

桐梓
遵义

贵　州

云
南

■ 重庆南部通道
重庆与湖南、贵州之间的移
民通道。

ǁ 南陵山道　鸟飞道
湖北恩施等地与重庆三峡地
区的移民通道。以湖北西南
部、湖南西北部移民为主。

其中鸟飞道自湖北建始至重
庆奉节（"鸟飞道"是春秋
战国、秦汉时期的道路名，
清末民初以来多称"奉建驿
路"）。

沅

广　西

▲ "湖广填四川"移民通道示意图

在宋元、明清易代之时，残酷的战火烧至四川盆地，重庆在战争中人口锐减。战后，在国家的组织、鼓励下，大量移民涌入四川盆地，其中最重要的两次移民发生在明清时期。由于大量移民来自湖广地区，或是途经湖广地区而来，史称"湖广填四川"。

在两次"湖广填四川"的过程中，移民大多沿长江自东向西进入四川盆地，位于四川盆地东部的重庆成为移民的第一目的地。如在清代"湖广填四川"的过程中，四川省的人口从康熙二十年（1681年）的约50万，暴增至嘉庆二十五年（1820年）的约2300万，其中重庆府人口达到360万[1]，位居四川各州府第一。

除了湖广地区，江西、广东、陕西、福建等地移民同样为数众多。来到重庆的各地移民，以地缘为纽带，建立一座座会馆，将会馆打造成凝聚同乡情谊的"第二家园"。在清代，今重庆市范围内曾有不少于250处会馆。特别是在重庆中心城区，从朝天门至金紫门短短3千米的路程，便会集了多处会馆、公所。

随着移民间的交流增多，不同戏曲也相互融合。江西的弋阳腔、江南的昆腔、陕西的秦腔、巴蜀农村的灯戏融合成了今天的川剧。而重庆受湖广移民的湘楚戏影响更为明显，逐步形成了以声腔多样化为特色的"下川东"川剧流派。

无独有偶，天南地北的方言也在此处交织。虽然在江津中山古镇、荣昌盘龙镇等地，移民于此的客家人在数百年的时间内依旧保留着说客家方言的传统，但在更广的范围内，人们以湖广方言为基础，形成了作为移民间"标准语"的重庆方言。

---

1. 不同研究者统计的数据会有所差异，此处参考《中国人口史·清代卷》中曹树基的研究。

1│2│3

1 湖广会馆 / 摄影 彭渤
湖广会馆始建于清乾隆二十四年(1759年)，主要由禹王宫、齐安公所和广
东公所组成。如今的湖广会馆经过多次修缮，黄墙黑瓦富丽堂皇，飞檐翘
角精致灵动，彰显着中国古建筑独有的气韵。图正中央的禹王宫，是湖广
会馆建筑群中占地面积最大的一处，原为祭祀大禹修建。

2 广东公所 / 摄影 张坤琨
广东公所是由客居重庆的广东移民与商人修建，始建于清乾隆年间，后又
多次重修。广东会所也被称为"南华宫"，本为祭祀六祖惠能而建。禅宗
六祖惠能悟道后在广东韶关兴建"南华寺"，法脉南传，对广东一带影响
极为深远。清代湖广填四川后，广东人北迁川渝，仍保持了供奉六祖惠能
的风俗。

3 湖广会馆建筑群 / 摄影 张坤琨
因建筑群依山而建，故其屋顶也多以"勾连搭"的形式呈现，沿着坡度呈
递增趋势，整体景观舒展且充满韵律。

湖广会馆内的古戏台 / 摄影 李琼
图中的戏台为齐安公所戏楼。一代又一代的重庆人曾在此观戏、赏戏，一如戏台旁的楹联所言：
"人在戏中戏在人中人生莫演糊涂戏" "境由心造心由境造境界需除名利心"。

到了近代，战火则让重庆成为众多避难者的聚集地。

1937年，抗战全面爆发后，国民政府下令迁都重庆，超过1000万百姓离开沦陷区，前往西南、西北等大后方。受此影响，重庆的人口也从1937年的47万增加到1946年的124万。

众多高校师生、文化人士的迁入给重庆带来了前所未有的文化氛围。

抗战期间，全国共有60余所高校迁至大后方，其中迁入重庆的高校超过20所，占当时内迁高校的1/3。数以万计的师生来到重庆，在重庆沙坪坝、北碚夏坝、江津白沙坝形成了三大文化区。它们与成都华西坝并称"文化四坝"，成为抗战时期中国高等教育的枢纽。

许多著名作家，如郭沫若、茅盾、老舍、巴金等都在抗战时期来到重庆。他们中的不少人虽过着不太安稳的生活，但仍然拿起纸笔，以报纸、广播、剧场舞台为阵地，向侵略者和反动势力宣战，让重庆一举成为抗战文学的创作中心。例如老舍的小说《鼓书艺人》、巴金的小说《寒夜》，就以当时的重庆社会为创作背景，作家们在文字的编织中注入了战时生活的体验。

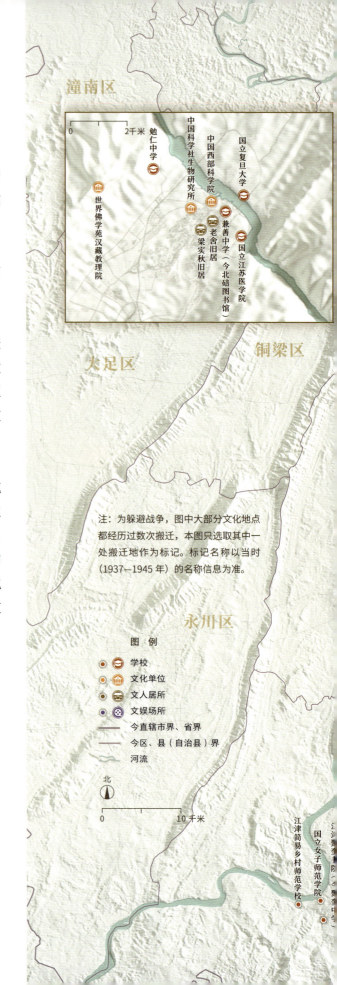

注：为躲避战争，图中大部分文化地点都经历过数次搬迁，本图只选取其中一处搬迁地作为标记。标记名称以当时（1937—1945年）的名称信息为准。

潼南区

铜梁区

大足区

永川区

图 例

● 学校
● 文化单位
● 文人居所
● 文娱场所
—— 今直辖市界、省界
—— 今区、县（自治县）界
—— 河流

北

0　　　　　10千米

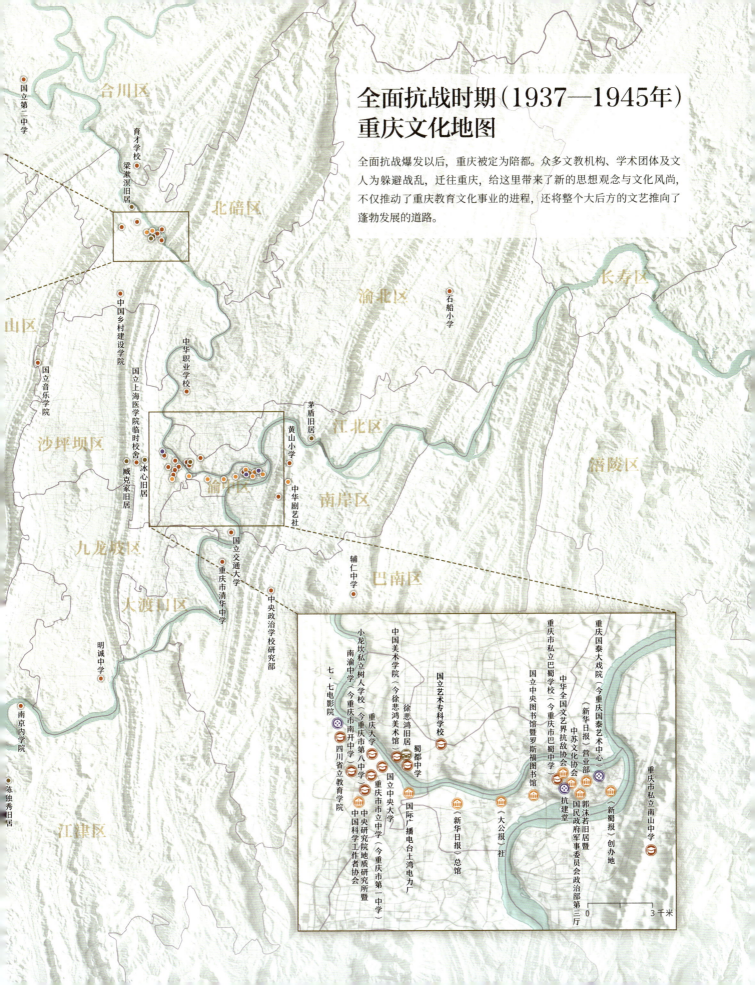

全面抗战时期（1937—1945年）重庆文化地图

全面抗战爆发以后，重庆被定为陪都。众多文教机构、学术团体及文人为躲避战乱，迁往重庆，给这里带来了新的思想观念与文化风尚，不仅推动了重庆教育文化事业的进程，还将整个大后方的文艺推向了蓬勃发展的道路。

合川区

国立第二中学

育才学校

梁漱溟旧居

北碚区

渝北区

长寿区

石船小学

□□山区

中国乡村建设学院

国立音乐学院

中华职业学校

国立上海医学院临时校舍

臧克家旧居

沙坪坝区

冰心旧居

茅盾旧居

黄山小学

江北区

南岸区

涪陵区

渝中区

中华剧艺社

九龙坡区

国立交通大学

重庆市清华中学

中央政治学校研究部

辅仁中学

巴南区

大渡口区

明诚中学

南京内学院

陈独秀旧居

江津区

小龙坎私立树人学校（今重庆市第八中学）

南渝中学（今重庆市南开中学）

四川省立教育学院

七·七电影院

中国美术学院（今徐悲鸿美术馆）

重庆大学

重庆市市立中学

中央研究院地质研究所暨中国科学工作者协会

徐悲鸿旧居

蜀都中学

国立艺术专科学校

国际广播电台暨土湾电力厂

《新华日报》总馆

《新华日报》社

大公报

重庆市私立巴蜀学校（今重庆市巴蜀中学）

国立中央图书馆暨罗斯福图书馆

中华全国文艺界抗敌协会

中苏文化协会

郭沫若旧居暨国民政府军事委员会政治部第三厅

抗建堂

重庆国泰艺术中心（今重庆国泰大戏院）

《新华日报》营业部

《新蜀报》创办地

重庆市私立南山中学

0   3千米

这一时期，工人、技术人员同样是重要的移民群体。

超过 400 家工厂在抗战时期迁入重庆，其中既包括食品、造纸等轻工业工厂，也不乏兵器制造、化工、钢铁等重工业工厂。工人和技术人员充分利用重庆的防御条件，在深山乃至山洞中生产战略物资，为支援抗战做出了巨大贡献。

在 20 世纪 60 年代，迫于中苏交恶及美国对中国东南沿海的威胁所带来的压力，中国更是开启了以备战、国防和重工业为核心的"西部大开发"——三线建设。深居内陆又远离边境的重庆成为三线建设的重镇。不少工厂、研究机构从上海、广东、北京、辽宁等东部及沿海省市迁来重庆，数十万工人、军人及研究员也纷至沓来。在涪陵白涛镇（今属白涛街道），数万官兵、专家及工人在大山深处建造了世界上最大的人工洞穴——"816 地下核工程"。

经过这些新移民的努力，重庆在此时逐渐转变为以冶金、化工、机械、电子、造船等产业为支柱的重工业城市。

1|2

1 "816地下核工程"遗址 / 摄影 欧阳忠凯
  "816地下核工程"为新中国第二个核工业基地,现为重庆市级文物保护单
  位。图为其核军工洞正门,洞体可抵抗八级地震。

2 "816地下核工程"遗址内反应堆大厅 / 摄影 周瑄
  由于生产内容特殊,"816地下核工程"在我国长期处于保密状态,直到2002
  年获国防科学技术工业委员会同意才得以"解密",并于2010年正式对外开
  放。图为该工程核反应堆大厅主厂房,是核军工洞内最大的洞室。

罗马非一日建成，重庆也是如此。在悠长的岁月中，各方移民不断涌入，为重庆注入了各种活跃的要素，唤醒了这片土地的活力。也正是这一拨拨移民，塑造了重庆开放包容的特质，积淀出重庆独特的文化样貌，乃至生计方式。

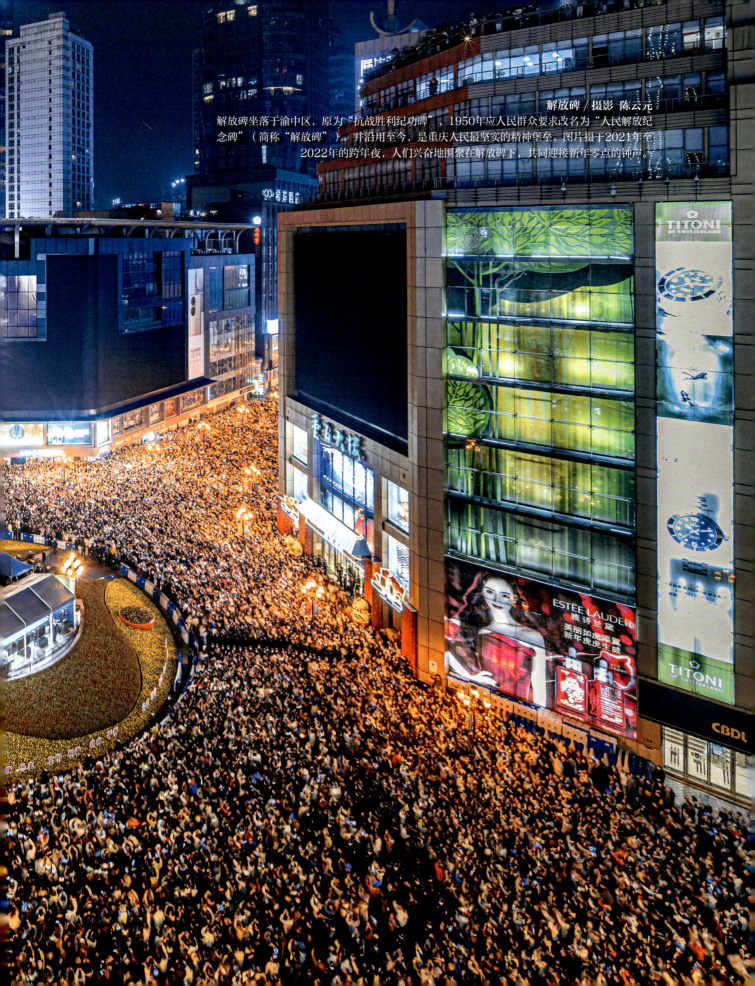

解放碑 / 摄影 陈云元
解放碑坐落于渝中区，原为"抗战胜利纪功碑"，1950年应人民群众要求改名为"人民解放纪念碑"（简称"解放碑"），并沿用至今，是重庆人民最坚实的精神堡垒。图片摄于2021年至2022年的跨年夜，人们兴奋地围聚在解放碑下，共同迎接新年零点的钟声。

2
凭险作守

移民到来后，首先要做的是据险而居、凭险作守。险要的山水给山城发展带来了诸多不利，却也赋予了重庆在军事上的诸多可能。在战争年代，这里曾不止一次成为军事重镇。

在重庆东部，位于奉节县的三峡夔门最为险峻。在三峡水库蓄水之前，白帝山还未成孤岛，这里三面环水，居高临远，易守难攻。滚滚长江在狭窄的峡谷中"咆哮"，而矗立在关口江心的滟滪（yàn yù）堆[1]则使得这里更加浪高涡急，并使其成为长江水运中极为危险的一段航道。三国时期，诸路风云人物就曾在这里狭路相逢。公元222年，在被陆逊火烧连营、遭遇夷陵惨败后，刘备仓皇退守白帝城。面对易守难攻的夔门险关，以及背后虎视眈眈的魏国，吴军不敢继续追击，选择与刘备求和。而天不假年，连遇失利、身染疾病的刘备，次年在白帝城托孤于诸葛亮，在猿猱悲鸣的三峡溘然长逝。

夔门之险不仅在于其易守难攻，更在于其能够凭借处于上游的形势直接威胁长江中下游地区。公元280年，益州刺史王濬统领晋国水军，东出夔门，一路披荆斩棘直抵建业（今江苏南京），吴国末帝孙皓望风而降。"王濬楼船下益州，金陵王气黯然收"，唐代诗人刘禹锡《西塞山怀古》中的这两句诗说的就是这段历史。在将领们眼中，三峡，尤其是夔门的险要是绝佳的地利，奉节因此在三峡地区脱颖而出，被人们打造成四川盆地东部的政治军事中心。

1.滟滪堆曾是雄踞在瞿塘峡峡口处的一块巨型礁石，长约40米，宽10～15米，1959年因其阻碍川江航运被人工炸除，现存于重庆中国三峡博物馆中。

176

瞿塘峡夔门 / 摄影 熊可

"夔门"也称瞿塘关，是古代"扼守"三峡西入口的交通要塞。
夔门两侧壁立如削，江面水势汹涌，正所谓"众水会涪万，瞿塘争一门"。

与东部相比，重庆西部谷狭流急的特点并不显著，但江河交汇的水路咽喉地位，是造就重庆中西部各个军事重镇的关键所在。如乌江与长江交汇处的涪陵，曾是巴国的军事要塞。而涪江、渠江、嘉陵江三江交汇处的钓鱼城，既是南宋抗元的军事要地，也是南宋军事防御体系的重要支撑。

1235年，在欧亚大陆纵横驰骋的蒙古军队展开了旷日持久的灭宋战争。蒙古军队制定了从长江上游顺江而下的进攻路线。整个四川盆地屡次遭受蒙古军队的攻击，盆地内白骨成丘，满目疮痍，仅重庆地区尚可据守。

在危急存亡之际，南宋朝廷任命余玠主持四川防务，驻守重庆。来到重庆的余玠，以重庆城为指挥中心、合川钓鱼城为防御支撑，统筹整个四川盆地，修筑了数十座山城，构建了山城防御体系。

这一体系可大致分为前沿与后卫两线。前沿线在正面防御蒙古军队进攻，十余座山城沿嘉陵江、涪江、渠江等水系分布，扼守各个咽喉要地，三江汇流处的钓鱼城成为防御支柱。与之对应的后卫线，则是战线后方的防御支撑，七座山城主要沿岷江、长江分布。其中，重庆城为指挥中心，是四川防线的核心；岷江沿线的凌云城（在今四川乐山）是西部的防御重镇；东部的白帝城（今重庆奉节）是守卫长江中下游的大门。这三城相互呼应，巩固后卫线的安全。

在微观地形上，四川盆地内的红层方山，更让山城的军事防御牢不可破。这种红层方山不仅山顶部平坦，适于建设及进行农业生产活动，而且具备含水层，有良好的凿井条件。同时，方山四周是数十米高的垂直峭壁，想要攻上山顶十分困难。诸多山城建在这样的红层方山之上，加上蜿蜒的大江作为护城河和水运联络线，各座山城补给充足，坚不可摧。利用这一体系，余玠多次击败蒙古军队。曾经一败再败的南宋军队甚至在他的率领下挥师北上，试图收复汉中地区。不幸的是，功高震主的余玠最终因谗言而被罢免，抱恨而死。但他留下的山城防御体系仍在发挥作用，更多山城在他去世之后被修建。

面对在险山、曲水、深峡间修建的立体防御工事，纵横奔驰于北方辽阔草原的蒙古大军只能望"城"兴叹。**西方人曾将不可战胜的游牧民族军队称为"上帝之鞭"，而钓鱼城则成为他们口中的"上帝折鞭处"。**

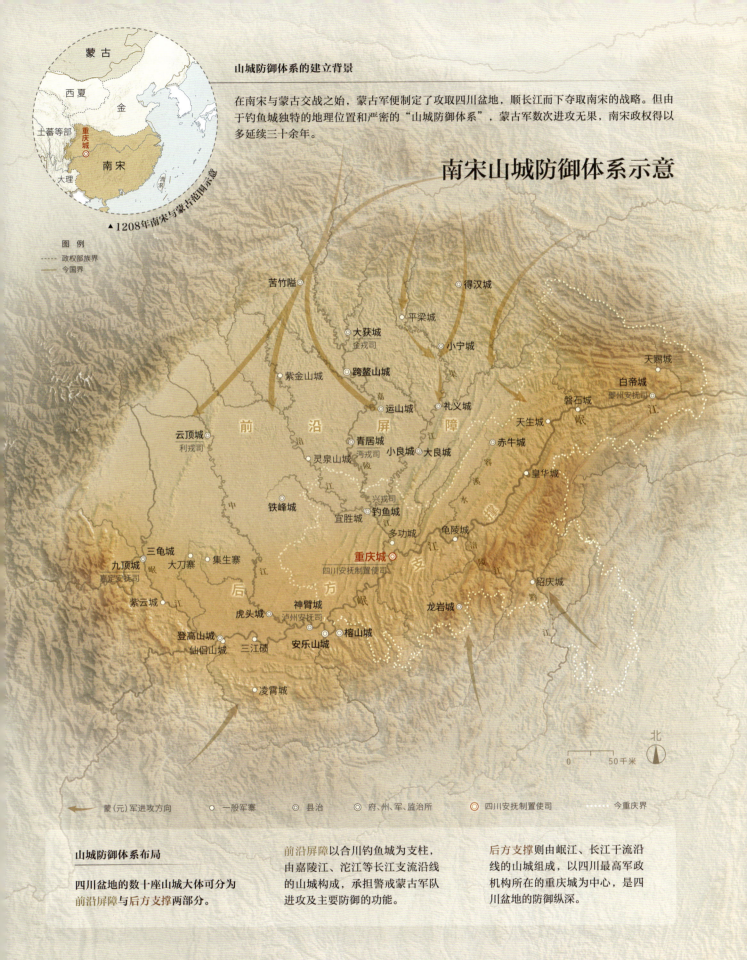

南宋山城防御体系示意

山城防御体系的建立背景

在南宋与蒙古交战之始，蒙古军便制定了攻取四川盆地，顺长江而下夺取南宋的战略。但由于钓鱼城独特的地理位置和严密的"山城防御体系"，蒙古军数次进攻无果，南宋政权得以多延续三十余年。

▲ 1208年南宋与蒙古范围示意

图例
------- 政权部族界
——— 今国界

◀—— 蒙（元）军进攻方向　　○ 一般军寨　　● 县治　　◎ 府、州、军、监治所　　◎ 四川安抚制置使司　　••••• 今重庆界

山城防御体系布局

四川盆地的数十座山城大体可分为**前沿屏障**与**后方支撑**两部分。

前沿屏障以合川钓鱼城为支柱，由嘉陵江、沱江等长江支流沿线的山城构成，承担警戒蒙古军队进攻及主要防御的功能。

后方支撑则由岷江、长江干流沿线的山城组成，以四川最高军政机构所在的重庆城为中心，是四川盆地的防御纵深。

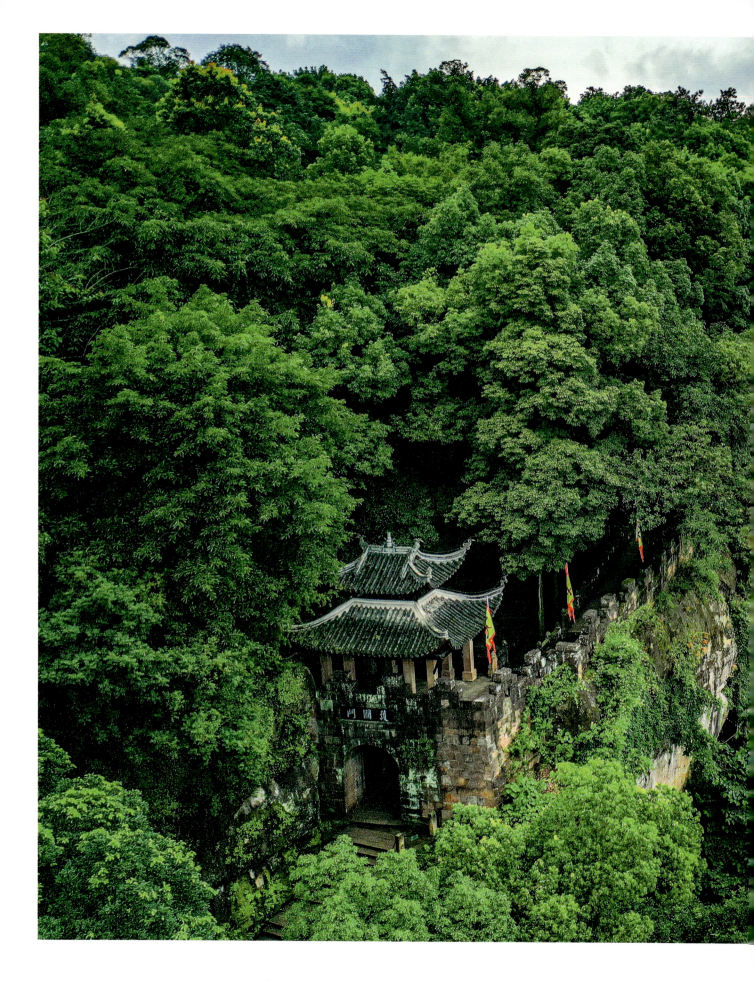

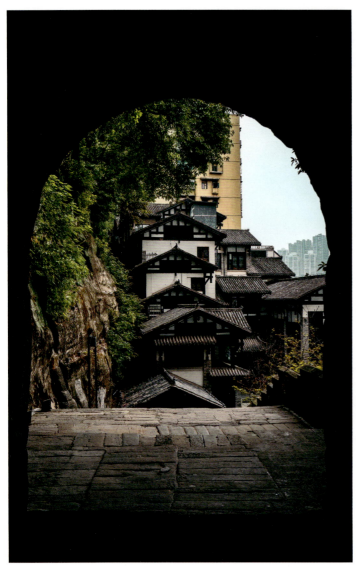

1 | 2
   3 | 4

1　**东水门城门** / 摄影　王壮
　　东水门为"九开八闭"的17道城门中的一座开门，现位于东水门长
　　江大桥下。城门宽3.2米，高5米，厚6.5米。

2　**东水门城墙梯坎** / 摄影　张乐
　　昔日的东水门商贾繁荣，是人们横渡长江南岸的交通要道。城墙长
　　200余米，与湖广会馆相连。

3　**被轰炸的重庆** / 供图　《永远 朝天门》展览

4　**"愈炸愈强"** / 供图　《永远 朝天门》展览

钓鱼城无疑在军事防御中发挥着巨大作用。不过，放眼整个重庆西部，位于渝中半岛的重庆城同样不可小觑。

从局部地形来看，重庆城建于渝中半岛的山脊之间，与长江和嘉陵江的高度差均超过100米。每到涨水季节，两江漫为一片，外来者难以横渡。从整个四川盆地水系布局来看，重庆城更是四通八达：从这里沿长江干流，上可进入岷江，直抵成都平原；下可穿越三峡，直通吴楚。

重庆城曾经历战国张仪、三国李严、南宋彭大雅、明初戴鼎四次筑城，最终确立了"九开八闭"的城门格局。在17座"城门"中，"开门"是真正的城门，而"闭门"则肩负军事防御或排水等功能。临江的各处城门借助两江天险及山城地势，易守难攻。唯一与陆地相连的通远门，位居全城最高处，地势险要，又有二郎关、佛图关等关隘作为外围防线，同样难以攻破。

重庆城也曾在战国时期的巴国、元末的大夏政权[1]、抗战时期国民政府的统治下三次作为都城。特别是在抗日战争时期，作为中华民国的战时首都，重庆成为世界反法西斯战争中国战区统帅部所在地。但作为战时首都的重庆也付出了巨大代价。从1938年到1944年，重庆历经日军近7年无差别的轰炸，"重庆大轰炸"成为重庆历史上无法被抹去的伤痛。

---

1. 元末农民起义军领袖明玉珍于 1363 年建立的政权，都城为重庆。

在重庆南部，四川盆地与云贵高原接合处的綦江、南川，是贵州与重庆往来的关键节点。在东南部，武陵山中的酉阳、彭水、黔江，则是贵州东北与重庆东南及湖南西部的交通枢纽。这些要地曾在近代守护了革命的星星之火。

1934年，红军在包括重庆酉阳、秀山等地[1]的武陵山区建立黔东革命根据地，革命志士们在此建立苏维埃政权，开展土地革命，播撒革命的火种。而在长征期间，渝黔要道上的綦江同样见证了历史转折的重要节点。

1935年1月，为了保障遵义会议的召开，红一军团挺进大娄山，扼守重庆綦江与贵州桐梓的边界，綦江成为保卫遵义会议胜利召开的重要屏障；四渡赤水前夕，红一军团又进入綦江石壕，佯攻重庆，为主力部队四渡赤水制造了宝贵战机。

显然，重庆人并没有将险要的山水简单地视作一种阻碍。在战争时期，他们利用山水之险，赋予这片土地不一样的可能，书写了一段段军事传奇。而随着技术的进步，重庆人逐渐注意到险要条件中"隐藏"的山水之利，一场大开发即将上演。

---

1. 除了酉阳、秀山，位于重庆东北部的城口也是红军活动的区域。1933 年，红军挥师城口，建立起县区乡村四级苏维埃政权，成为川陕革命根据地的重要组成部分。

$\dfrac{1}{2}$

1 石壕镇红军桥 / 摄影 胡光银
红军桥位于綦江区石壕镇，原名"两河口大桥"，修建于清同治年间。
1935年，红一军团从贵州松坎出发，经过此桥前往石壕。
后来人们为铭记这段历史，将其改名为"红军桥"。

2 洪安古镇 / 摄影 王正坤
洪安古镇位于秀山县，是重庆与湖南、贵州的交界处，有"一脚踏三省"之称，
与作家沈从文笔下的秀美"边城"（位于湖南花垣县）隔河相望。

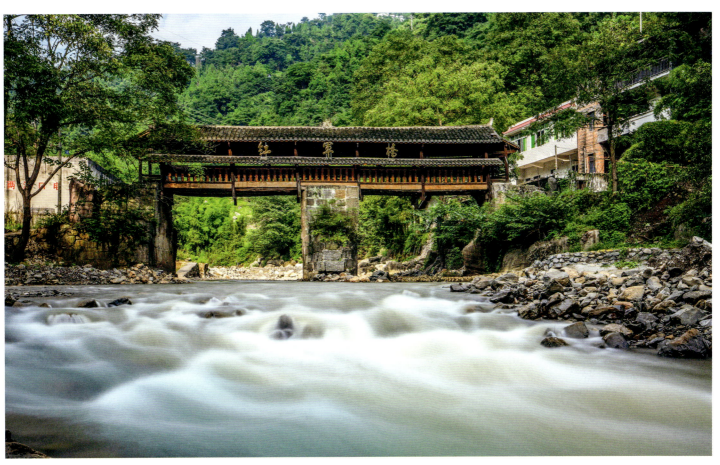

贵州　　　重庆

湖南

3
地尽其利

在数亿年里，三峡地区曾几经陆海沉浮，形成了深厚的盐类沉积。在板块活动的作用下，沉积的盐层被逐渐深埋。直至水流渗入地下，盐层在水中溶解，最终形成盐泉、盐井。三峡先民们自然没有放过这一天赐的资源。从新石器时代晚期开始，他们便利用盐泉、盐井煮盐。数千年间，山间煮盐的灶火一直熊熊燃烧。直到近代，运盐的力夫依然担负着巴盐，沿陆路将其运送到今湖北、湖南、贵州等地，踏出一条从巫山山脉绵延至武陵山脉的巴盐之路。除了盐，地质运动也使这里富集众多有色金属矿藏。早在秦代，巴寡妇清就凭借世代经营的丹砂矿而致富，成为中国最早的"女企业家"。在古代，朱砂用途很广，既可直接作为红色颜料，也可经进一步加工变成极为珍贵的水银[1]。传说在秦始皇帝陵中，数以吨计的水银被用来制作墓中的江河湖海，而这部分矿源的主要提供者之一就是巴寡妇清。

地质变迁赋予了重庆矿产资源，给这里带来了巨大的财富，让一些重庆人可以"不绩不经，服也；不稼不穑，食也"[2]，但对大部分生活在重庆的人而言，若想丰衣足食，依然需要耕作。

随着移民的不断涌入，立体农业在重庆的土地上渐渐铺开。人们平整土坡，修筑池堰、蓄水池，将荒芜的土丘改造为富饶的梯田，重庆大地上呈现出"民食稻鱼，亡凶年忧，俗不愁苦"的安乐景象。

---

1. 纯朱砂为硫化汞（HgS），将其在流动空气中加热，便可还原得到汞蒸气（$HgS+O_2=Hg+SO_2$）。再将汞蒸气进行冷凝收集，便可得到汞，即我们通常所说的水银。

2. 出自《山海经·大荒南经》，原本是用来形容裁（zhí）民之国的生活风俗。但有观点指出，这里所说的"裁民之国"便是生活在今巫山、大巴山地区以煮盐为生的居民。

何家岩村梯田 / 摄影 冉川
图中梯田位于酉阳县花田乡何家岩村。在俯拍视角下，
层级的梯田犹如铺嵌在大地上的绿色翡翠。

1 ─────
2

1　晒粉条　\摄影　高兴明
图片拍摄于荣昌区河包镇转龙村。河包镇有着长达300年的粉条生产历史，粉条产业发达，有『中国粉条之乡』的称号。

2　晒烟叶　\摄影　陈德光
图片拍摄于奉节县兴隆镇大石包。当地设有专门的烟叶工作站，指导与帮助烟农们进行更为科学化、规范化的烤烟种植。

1
2

2 1
庆收连藕／摄影 叶盛明　　涪陵榨菜菜头丰收场面／摄影 陈玲

在永川区仙龙镇的藕塘里，人们正忙着采收连藕，收获劳动的喜悦。

189

不过，改造梯田的方式，只适用于坡度较缓、土壤相对肥沃的低山丘陵地区，在一些土地相对贫瘠、地势过于陡峭的地方则难以开展。好在天无绝人之路，受山地峡谷的特殊地形影响，重庆沿江地带多风、少雾、少雨、低湿，而冬季山谷的逆温[1]现象，则能够让柑橘等亚热带水果免受冻害，这都为果树的种植提供了适宜的环境。重庆人得以再次发挥因地制宜的本领，让三峡地区成为柑橘的王国。

早在秦汉时期，巴地的柑橘便成为贡品，汉代政府甚至在重庆设置了专门负责向朝廷进贡柑橘的柑橘官。唐代诗人杜甫也曾在奉节管理柑橘园，称赞这里的柑橘"园甘长成时，三寸如黄金"。南宋政治家和诗人王十朋也曾吟咏奉节柑橘："白帝谁云陋，黄柑亦自香。一株三百颗，风味自吾乡。"[2] 时至今日，奉节脐橙、云阳红橙、丰都锦橙、故陵椪柑、开县锦橙、万州玫瑰香橙等诸多重庆出产的柑橘，依然颇负盛名。

除了柑橘，重庆还有其他水果令人垂涎欲滴。在唐代，沿江的涪陵等地所产的荔枝曾受到杨贵妃的垂青[3]，引来诗人杜牧"一骑红尘妃子笑，无人知是荔枝来"的感慨。而在现代，伴随品种培育和种植技术的进步，重庆人得以更好地利用自然条件种植各色水果，诸如巫山脆李、梁平柚、垫江白柚、潼南柠檬、合川枇杷、黔江猕猴桃、武隆猪腰枣……在重庆人的辛勤培育下，重庆被打造成了一座山峡之间的特色果园。

---

1. 正常情况下，大气温度会随着高度增加而下降。但在一些特定的条件下，大气温度却会随着高度的增加而升高，这一部分的大气层便被称为"逆温层"。生长于逆温层的农作物，因为温度的升高，在越冬的时候就能更好地免受冻害。

2. 出自宋代诗人王十朋的《州宅杂咏·柑》。

3. 关于杨贵妃获取荔枝的来源主要有"巴蜀说""岭南说"两种说法。不过相比于岭南（大体分布在今广东东部、广西西部，以及江西与湖南两省交界处），巴蜀地区距离长安（今西安）更近，且杨贵妃是四川人，因此"巴蜀说"也被大多数人认可。

1	2
3	4

1　**采摘柑橘 / 摄影 杨敏**
2021年12月8日，黔江区阿蓬江镇高碛社区，村民在采摘柑橘。

2　**运输猕猴桃 / 摄影 杨敏**
图片摄于黔江区新华乡。新华乡猕猴桃是黔江的特色水果，有东红、翠香、红昇等多个品种。

3　**采收脐橙 / 摄影 冉川**
图片摄于酉阳县酉水河镇后溪村。酉水河镇年平均气温约为26℃，降水充沛，土壤透水透气性好，适宜脐橙生长。

4　**采摘荔枝 / 摄影 周智勇**
图片摄于江津区塘河镇。塘河镇的荔枝种植历史可追溯至清代，和涪陵荔枝、岭南荔枝齐名，曾为进贡朝廷的贡品。

从古老的制盐业到金属冶炼，从梯田开发到果树种植，古代重庆人利用自然条件和资源，逐渐在这片崎岖的大地上找到生存之路。但这远远不够。群山之间，接纳无数江河、奔流而来的长江，给予了重庆不一样的机会。

在早期，由于商品经济发展不充分，船舶制造水平有限，重庆的航运潜力并没有得到充分释放。但随着木船制造技术逐渐成熟，以及历朝政府对长江航道的维护，重庆的木船航运业日渐发展、兴盛。特别是在明清时期，"湖广填四川"移民运动充分开发了四川盆地，粮食、布绸、山货、药材等物产开始向外输出。于是，长江及其各条支流成为重庆人贸易运输的黄金通道，成千上万的木船载着这片土地上的物产和财富顺流而下。

随着木船航运的发展，船工、纤夫们给重庆带来了新的风景。

船工们高喊着川江号子，或用慷慨激昂的高歌来鼓舞士气、协调摇橹节奏，稳渡险滩恶水；或用即兴抒情的旋律调剂船工的情绪，缓解劳作的疲惫，涉过平缓江面。纤夫们则在岸边用尽体力拉动船只，纤绳、纤桩在两岸的礁石上留下了难以磨灭的痕迹。

乌江纤夫 / 摄影 程玉杨

图片摄于酉阳县乌江边。作家阿垅曾在诗歌《纤夫》中写道："一条纤绳组织了脚步/组织了力/组织了群/组织了方向和道路。"图中的纤夫们正弯着腰背着纤绳，组织着力与脚步，在崖壁上拉着船只行走。

作为沟通东西的关键水运通道，长江航道上最为险要的三峡，是人们进出巴蜀地区的要道，除了船工、纤夫，还有众多文人墨客在此留下各自的痕迹。

正所谓"行到三峡必有诗"，无论是唐代的李白、杜甫、白居易、刘禹锡，还是宋代的苏洵、苏轼、苏辙、黄庭坚、陆游、范成大等文人，都曾途经、寓居或仕宦于三峡地区，在这里留下了脍炙人口的诗篇。特别是作为瞿塘峡出入口的奉节，拥有李白的《早发白帝城》、杜甫的《秋兴》和《登高》、刘禹锡的《竹枝词》等众多千古名篇，**让僻处山峡之间的奉节成为当之无愧的"诗城"**。

来往重庆的文人墨客不仅吟咏诗词，还在长江中的礁石或岸边崖壁上题刻文字，其中有不少碑刻反映了当时长江水位等水文情况，构成了极具特色的长江水文石刻。

在涪陵城北的长江中，长 1.6 千米、宽 15 米的白鹤梁可谓重庆水文石刻的集大成者。从唐代到民国的一千多年里，这里留下了 300 多位文人的上万字题刻。现存的 165 段题刻中，有 108 段具备水文价值，记录了 72 个年份的长江枯水位，为三峡大坝的修建提供了宝贵的历史水文资料。如今，这里已建成白鹤梁水下博物馆，人们可以到达江面下 40 米，静静观赏这些古代水文奇观。

三峡地区诗词

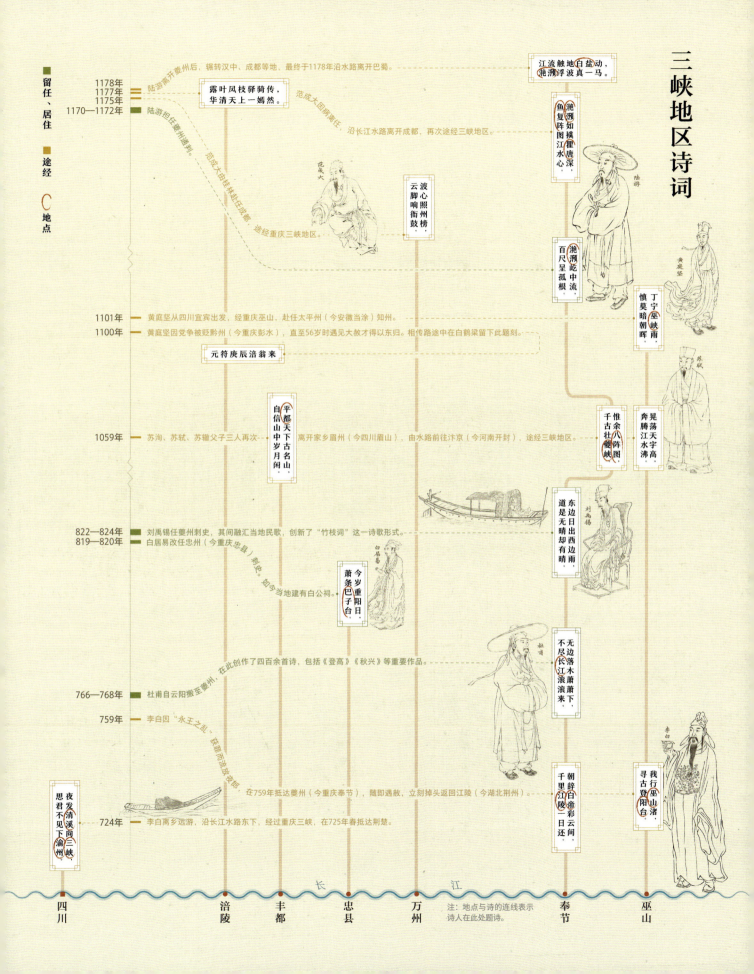

■ 留任、居住

■ 途经

◠ 地点

1178年
1177年
1175年
1170—1172年 陆游担任夔州通判。

陆游离开夔州后，辗转汉中、成都等地，最终于1178年沿水路离开巴蜀。

露叶风枝驿骑传，
华清天上一嫣然。

范成大因辞官离任，沿长江水路离开成都，再次途经三峡地区。

范成大由桂林赴任成都，途经重庆三峡地区。

江流触地白盐动，
滟滪浮波真一马。

滟滪如襆瞿唐深，
鱼复阵图江水心。

滟滪屹中流，
百尺呈孤根。

云脚照州榜，
波心响衙鼓。

丁宁巫峡雨，
慎莫暗朝晖。

1101年 黄庭坚从四川宜宾出发，经重庆巫山，赴任太平州（今安徽当涂）知州。

1100年 黄庭坚因党争被贬黔州（今重庆彭水），直至56岁时遇见大赦才得以东归。相传路途中在白鹤梁留下此题刻。

元符庚辰涪翁来

平都天下古名山，
自信山中岁月闲。

1059年 苏洵、苏轼、苏辙父子三人再次离开家乡眉州（今四川眉山），由水路前往汴京（今河南开封），途经三峡地区。

晃荡天字高，
奔腾江水沸。

惟余八阵图，
千古壮夔峡。

822—824年 刘禹锡任夔州刺史，其间融汇当地民歌，创新了"竹枝词"这一诗歌形式。

819—820年 白居易改任忠州（今重庆忠县）刺史。

如今当地建有白公祠。

东边日出西边雨，
道是无晴却有晴。

今岁重阳日，
萧条巴子台。

在此创作了四百余首诗，包括《登高》《秋兴》等重要作品。

无边落木萧萧下，
不尽长江滚滚来。

766—768年 杜甫自云阳搬至夔州，在此创作了四百余首诗，包括《登高》《秋兴》等重要作品。

759年 李白因"永王之乱"获罪而流放夜郎。

在759年抵达夔州（今重庆奉节），随即遇赦，立刻掉头返回江陵（今湖北荆州）。

朝辞白帝彩云间，
千里江陵一日还。

我行巫山渚，
寻古登阳台。

724年 李白离乡远游，沿长江水路东下，经过重庆三峡，在725年春抵达荆楚。

夜发清溪向三峡，
思君不见下渝州。

长 江

注：地点与诗的连线表示诗人在此处题诗。

四川   涪陵   丰都   忠县   万州   奉节   巫山

夔门题刻 / 摄影　郑云

图片摄于奉节县瞿塘峡，图中的三处题刻为三位抗日将领题写，分别为冯玉祥题写的"踏出
夔巫，打走倭寇"，孙元良题写的"夔门天下雄，舰机轻轻过"，以及李端浩题写的"巍哉
夔峡"。

随着交通和商品经济的发展，重庆境内大大小小的贸易场镇开始沿着长江及其支流兴起。这些场镇多从农村集市发展而来，聚集流散着来自四面八方的人和货物。

在重庆东部，盐业生产与贸易催生了大昌、西沱、龚滩、濯水等沿江古镇，它们沿着巴盐贸易的水陆通道，从三峡地区延伸至武陵山区，将商业的触角伸入群山之中。

在嘉陵江与长江交汇处的重庆城，则是四川盆地最大的商品集散中心。大大小小的木船聚集在城门之下，担负货物的棒棒军在山城的梯坎上出卖力气，三教九流则在茶馆中叫嚷着谈生意……于大山、大江之间生长的重庆城，在各色人等的碰撞中变得生机勃勃，码头文化与茶馆文化由此兴盛。

1
——
2

1 西州古城 / 摄影 张坤琨
西州古城位于酉阳县桃花源景区，古时被称作"武陵古州"，
主要景观为一条全长1300米、由青石板铺就的民族风情街。

2 龙潭古镇 / 摄影 平凡
龙潭古镇位于酉阳县东部，与秀山县接壤，迄今已有2200多年的历史。
图中的墙垣为"马头墙"形制，在明清时期随着人口迁移传入重庆。

夜色中的龚滩古镇 / 摄影 李继洪
龚滩古镇位于酉阳县乌江与阿蓬江交汇处，古时曾为川黔湘鄂的客货中转站，四方商贾云集，钱财货物会聚，有"钱龚滩"之称。

在近代之前，在川江上航行的多是中国人。但到了近代，侵入中国的西方列强不满足于仅在中国东南沿海打开门户，还想进一步朝中国内陆扩张，谋求通商、航运等权利，深处西南内陆、水陆交通便利的重庆便是一个绝佳的选择。

从 1876 年开始，中英《烟台条约》、中英《烟台条约续增专条》(《重庆条约》)、中日《马关条约》等不平等条约接踵而至，列强获得了重庆开埠、通航川江的权利，由外国人开启的川江"轮船时代"即将到来[1]。

1898 年，英国商人立德乐驾驶"利川号"轮船抵达重庆城，这是重庆城与轮船在长江上的第一次相遇。由于"利川号"船体较小，无法承载货物，1900 年，立德乐又聘请英国人蒲兰田为船长，驾驶商船"肇通号"进入重庆，"肇通号"成为抵达重庆的第一艘货轮。

为了阻止外国人专擅川江航运之利，重庆的有志之士开始努力。1908 年，官商合办的川江行轮有限公司在重庆白象街成立。次年，在蒲兰田的协助下，川江行轮有限公司的第一艘货轮"蜀通号"下水航行，中国人第一次开通了宜昌至重庆的轮船航线。轮船抵达码头的那一刻，无数重庆人欢欣鼓舞，庆祝这一历史性时刻的到来。

轮船与外国人的到来也给重庆这片土地带来了新的变化。在重庆城，原本荒凉的长江南岸变得愈加热闹，洋行、工厂、仓库拔地而起，机械的轰鸣声将这座古老的山城引向崭新的时代。拥挤的渝中半岛上开始出现电灯、电报、邮局等近代化的基础设施。特别是在白象街，本地及英、美、日各国的众多商号、行业工会，以及海关、邮局、电报局云集于此，让这里享有"东方华尔街"的美誉。

1.1891 年，重庆海关设立，重庆正式对外开埠。

1
—
2

1 "肇通号"轮船 / 供图 《永远 朝天门》展览
　"肇通号"轮船是川江上第一艘可用于货物运输的蒸汽商轮，离开重庆后被英国海军驻长江舰队购买，改为"金沙号"兵舰。

2 "蜀通号"轮船 / 供图 《永远 朝天门》展览
　"蜀通号"轮船为川江行轮有限公司的第一艘蒸汽商轮，由中国人自行运营，是中国官商争夺川江航运权的重要尝试。

重庆城之后，万州成为四川盆地第二个通商口岸[1]。万州在木船时代本就是商业兴盛的水陆要冲，开埠后，这里的商贸更加繁荣。日、美、英、法等外国商人来到此地开设洋行，旧时代的钱庄与新式的银行于此并存。乘着商贸繁荣的东风，万州一跃而起，与重庆、成都并称"成渝万"，成为大宗商品的重要集散地。如用于涂饰车船的桐油，曾是万州最为重要的贸易商品，外地乃至外国商人在这里修建仓库、油池、码头以满足桐油贸易的需要，万州一度被称为"中国第一大油市"。

开辟通商口岸促进了航运发展，让产自重庆的商品有机会通过长江水运走向全国乃至世界。人们熟知的涪陵榨菜便是这一时期重庆物产的一大代表。涪陵榨菜最早起源于1898年涪陵商人邱寿安家。1909年，邱家的榨菜制作技术外泄，一时榨菜加工企业猛增，榨菜产量大幅提升。随着川江航运的进一步发展，丰都及渝北的洛碛也渐渐引入了涪陵榨菜的生产加工技术，成为榨菜生产中心。不少从事榨菜贸易的商人、企业聚集于此，小小的榨菜也从重庆出发，沿长江抵达宜昌、汉口、上海等地，并进一步向大江南北扩散，甚至远销东南亚、日本、美国等地区与国家。

从木船时代到轮船时代，长江逐渐成为联结重庆与外部的纽带。而四川盆地乃至长江上游的许多地方，都通过重庆与盆地之外紧紧相连。重庆人利用长江航运，让重庆不再是偏居四川盆地东部的"险山恶水"，而华丽转变为长江上游的商贸枢纽和西南地区的"世界之窗"。然而，重庆人的雄心就止步于此吗？

---

1. 1902年，中英《续议通商行船条约》议定万县（今万州区）开埠。然而因时局混乱，直至1925年，万县才正式开埠，成为当时四川地区（包括今重庆）第2个可以直接报关出口的通商口岸。

万州港 / 摄影 史宗历
万州以"万川毕汇、万商云集"闻名，区内多优良港湾，自古便有舟船停泊，四季皆可通航。如今万州是重庆市境内唯一具备水运、航空"双口岸"的区县，交通区位优势明显。

南京港
武汉港　　　　　　　　　南京
　　　　芜湖港　　　　上海港
万州港　　　宜昌港　　武汉　　　　　　　　苏州港
　　　　　　　　　　　　　　　　　　　　　上海
重庆
宜宾港　　涪陵港　　　　　　　九江港
　　　重庆港　　　　　　岳阳港

4

突破山水

依靠长江水运，世界贸易的潮水得以涌向重庆。然而此时的重庆，仍要面对来自内外的双重限制。从内而言，重庆的发展依旧被农业生产不足的情况制约；从外而言，通向盆地之外的道路依旧充满坎坷。

如何应对地理环境带来的限制？在技术进步和制度创新的过程中，重庆选择了"内外兼修"，一场更为彻底的突围开始上演。

山水之围 / 摄影 王正坤
图片拍摄于巫峡。
巫峡两岸高峰耸立，人们顺应山势，在崖壁上开辟出道路，以解决自身的交通需求。

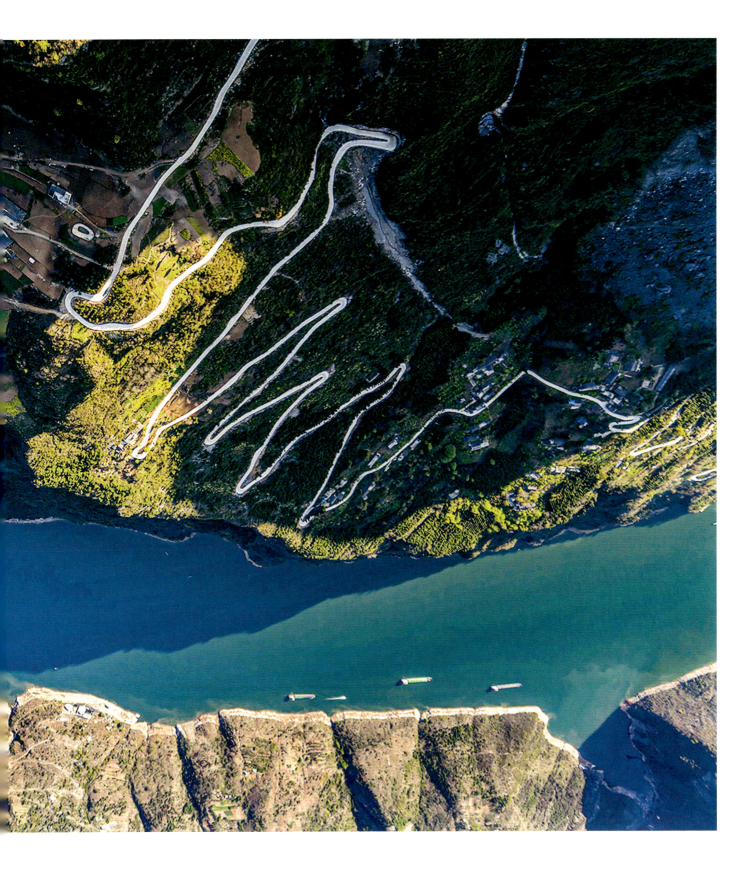

近代工业的发展，使重庆在农业时代所面临的生产不足问题有了解决的可能。

早在清末，近代工业开始在重庆落地生根。重庆人开始采用机器生产火柴、丝、布，电力照明也已经出现。但与沿海地区相比，重庆近代工业的规模整体上仍然不大，且偏于轻工业，没有重工业。

不过，这一状况很快因抗日战争的爆发而改变。在那个特殊的时期，重庆因远离战场，且拥有复杂的地形与便捷的水运，成为大量工厂内迁的首选之地。成为战时首都的重庆，迎来了沿海地区400多家工厂的6.6万名职工，以及数万吨新式机械设备。到1945年，重庆工业企业数量达到1694家，占整个"大后方"工业企业总数的28.3%，职工超过20万人，占"大后方"工业企业职工人数的26.9%，重庆成为战时"大后方"的经济中心和唯一一座工业门类齐全的综合性工业基地。

然而，抗战结束后，随着国民政府还都南京，不少工厂迁回原址。加上内战、通货膨胀、外国工业品倾销等不利因素，重庆的工业全面萎缩。

这一局面直到新中国成立后才得以扭转。从20世纪60年代开始，以国防军工工业为中心的"三线建设"，让重庆再次迎来发展的机遇。从1966年到1975年，国家投入42亿元，在重庆及其周边地区兴建了众多与军工相关的企业，使得重庆成为兵器工业的建造重镇。不少工厂还填补了重庆工业在一些方面的空白，如重庆长江橡胶厂、四川仪表总厂等，它们为重庆地区的化学、机械等工业部门的发展奠定了基础。

1
—
2

1　江津钢铁厂遗址 / 摄影 周智勇
为响应"三线建设"的号召，1966年5月，位于江津区夏坝镇的钢铁厂建成投产。
作为"三线建设"地方配套企业，其主要负责给军工厂提供生铁等原材料。
2011年，由于完成环保和淘汰落后产能的任务，该厂搬迁至长寿区。图为钢铁厂的生产区遗址，
炼钢铁炉塔等设备的外立面仍保存完好。

2　江津夏坝晋江机械厂遗址 / 摄影 周智勇
1966年8月，晋江机械厂（5057厂）在夏坝镇破土动工，1971年正式投产，
主要生产大口径火炮铸件等军工产品。2003年，工厂进行整体搬迁，留下了大片遗址。
图为晋江机械厂的电影院遗址，几只大鹅正在院前的广场上"闲庭信步"。

经过抗战时期的工业内迁与新中国成立后的"三线建设"，重庆完成了重工业的奠基，一举成为西南地区的工业基地。当然，重庆工业生产的升级之路没有停止。

从1978年开始，改革开放掀起了重庆工业振兴之路的新篇章。本就具备雄厚实力的重庆工业在改革开放的浪潮下发生了质变，"重庆制造"开始深入人们的生活与市场。

其中最为典型的当数汽车和摩托车制造业的发展。前身为晚清上海洋炮局的长安机器厂在改革开放后，引进国外技术，在保留军工生产的同时转向汽车制造业，生产出家喻户晓的长安汽车。前身为江南制造总局龙华分局的嘉陵机器厂，则引进了日本摩托车生产技术，成为国内举足轻重的摩托车制造商。在这些企业的推动下，重庆一跃成为国内重要的汽车、摩托车生产基地，摩托车的生产量更是长期位居全国第一。

进入新世纪，搭上全球化与产业调整升级的顺风车，重庆的工业制造再次迎来升级。

2020年，重庆、成都开始携手共建西部科学城，这给重庆的产业升级带来了新的动力。汽车、电子信息、装备制造、生物医药等先进制造业在此聚集，人才、商品、财富、信息等要素也在此汇集，为金融、物流、服务贸易等现代服务业创造了条件。2020年，全球每10台手机、每3台笔记本电脑中就分别有1台产自重庆，"重庆制造"已经在全国乃至全球产生了巨大影响力。

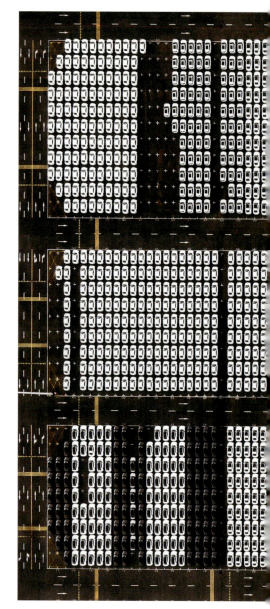

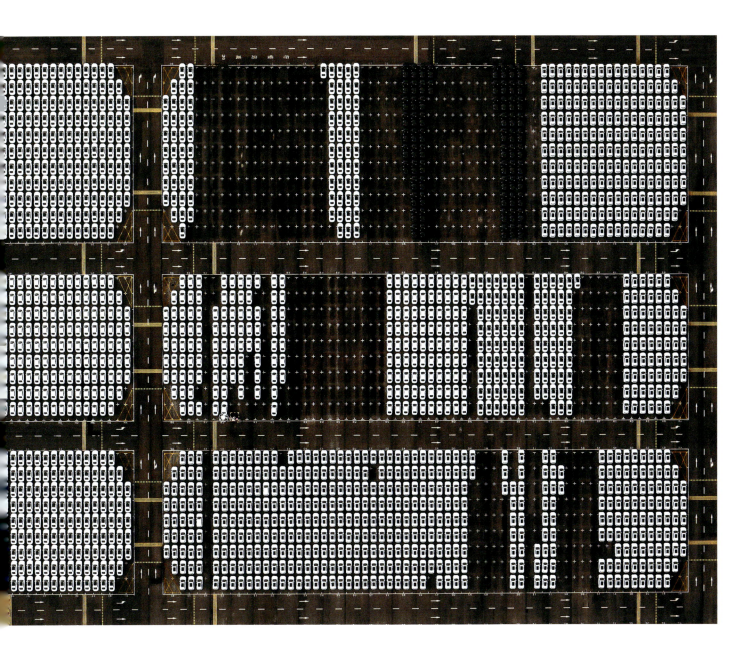

汽车工厂 / 摄影 杨荣

在工业生产实现不断升级的同时，重庆的对外交通也在不断突破。

在很长一段时间里，重庆的对外交通主要依赖长江水运。汽车的出现及公路的修建才改变了这一局面。从 20 世纪 30 年代成渝公路修通，到后来川黔、川湘公路的陆续建成，再到现代高速公路的开通，重庆的陆运交通有了质的飞跃。公路货运量从 1986 年的 1.05 亿吨猛增至 2022 年的 11.19 亿吨。

1994 年，筹划半个多世纪的三峡工程正式开工，长江水运被推入全新阶段。

在三峡工程建成之前，宜昌至重庆的约 660 千米航道中有激流滩、险滩、浅滩 139 处，一年中有大半年时间无法夜间航行。三峡工程建成后，水位的提高大大改善了长江航道的航行条件，一年内有一半以上时间可以通航万吨级船队。武汉至重庆的通航能力得到巨大提升，至 2022 年，总过坝货运量突破 1.5 亿吨，是三峡蓄水前平均年货运量的 15 倍有余。

时至今日，长江、嘉陵江、乌江，以及小江、大宁河、梅溪河、綦江、渠江、涪江等河流构成了"一干二支六线"的叶脉型航道体系，使得重庆水运货物运输总量超过 2 亿吨。长江真正成为一条"黄金水道"，重庆人实现了通江达海的梦想。

1　三峡大坝蓄水前的长江夔门段 / 摄影　魏启扬
2　三峡大坝蓄水后的长江夔门段 / 摄影　王传贵

随着重庆制造一次次升级,重庆对外贸易的交通通达力越来越强,重庆的"野心"显然不止于走向全国,而是通往更广阔的世界。

然而,漫长的运输里程让重庆深居内陆的位置成为其对外贸易的巨大劣势。如何改变这一劣势?铁路成为重庆人"破局"的关键。

在 1937 年以前,重庆仅拥有一条长 16.8 千米、主要用于运送煤炭的北川铁路,一直没有对外联络的铁路通道。直到新中国成立后,成渝、宝成铁路构成了重庆向西和向北的通道,川黔铁路构成了重庆的南向通道,加上改革开放后建成通车的襄渝铁路,重庆成为通达四方的铁路枢纽。借助铁路,重庆建起了一条条新的对外通道。

2011 年,一辆满载重庆制造的电子产品的列车从重庆出发,经由新疆阿拉山口进入哈萨克斯坦,再途经俄罗斯、白俄罗斯、波兰,抵达德国的杜伊斯堡,这标志着"渝新欧"班列的正式开通。"渝新欧"班列是中国第一条中欧班列线路,它的运行让重庆更加"靠近"欧洲,铁路运输所需时间比海运减少了近一个月,深居内陆的地理位置反而成为重庆的交通优势。

2020 年,重庆与成都共同创立中欧班列(成渝)。2022 年,中欧班列(成渝)开行量超过 5000 列,占全国开行量的 30% 以上,覆盖了欧亚大陆超过 40 个国家的 100 多个节点城市。向西北的中欧班列让重庆得以踏上一条"钢铁丝绸之路",与此同时,重庆向南延伸出西部陆海新通道,通过贵州、广西及云南,辐射中南半岛等,由此重庆能够更紧密地拥抱世界。

1 │ 2

1 **川黔铁路 / 摄影 王璐**
川黔铁路是连接重庆市与贵州省贵阳市的南北向通道,运行已超过半个世纪。2018 年后,该铁路逐渐转为纯货运线路,只有5630/5629次通勤客车仍在通行。

2 **渝怀铁路 / 摄影 曹杨牧语**
渝怀铁路西起重庆市区,东至湖南省怀化市,全长约625千米,曾为2000年西部大开发十大重点工程之一。图中的火车正经过武隆区白马镇乌江峡谷段。

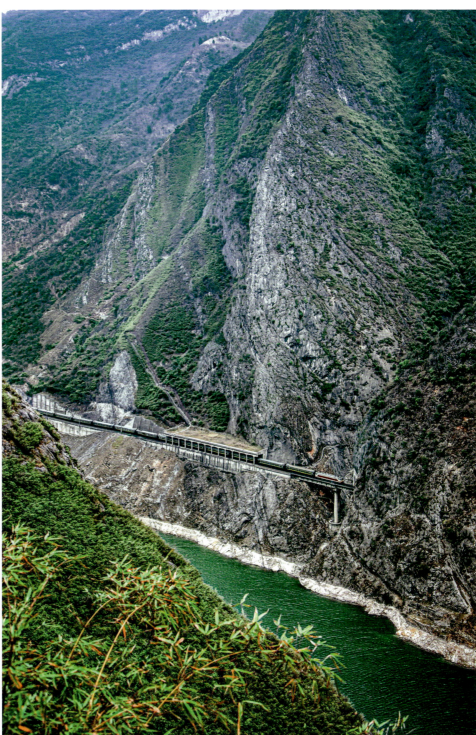

团结村兴隆车站 / 摄影　刘琳
团结村兴隆车站位于沙坪坝区，是中欧班列（成渝）的起点站和主要的装卸车站。

与此同时，航空运输在重庆起飞。1929 年，广阳坝机场完工，成为重庆最早的机场。1931 年，汉口至重庆航线开通，这是重庆的第一条民航航线。由于广阳坝机场离市区较远，往返不便，1933 年又修建了珊瑚坝机场。此后，白市驿、九龙坡、大中坝等机场先后建成通航，为重庆搭建了空中通道。

1990 年，重庆江北机场建成通航，两年后，年旅客吞吐量即突破百万人次，至 2007 年突破千万人次。1995 年，重庆航空口岸正式开放，通往香港、澳门的航线，以及通往东南亚、日韩地区的国际定期航线也陆续开通。2019 年，江北机场的旅客吞吐量首次突破 4000 万人次。截至 2022 年，其旅客吞吐量已连续 11 年在 2000 万人次以上。

至此，重庆累计开通国际（地区）航线 109 条，覆盖六大洲。随着万州五桥机场、黔江武陵山机场、重庆巫山机场、重庆仙女山机场等机场建成通航，重庆"一大四小"的机场架构正式形成，给力图突围的重庆人插上了冲上云霄的翅膀。

1 | 2

3

1　从重庆城远眺珊瑚坝机场 / 供图 《永远 朝天门》展览
珊瑚坝机场是重庆历史上第一个民航机场。该机场和长江北岸之间曾搭有浮桥，
旅客经浮桥上岸后，还需再登300多级台阶才能到达马路。

2　珊瑚坝机场 / 供图 《永远 朝天门》展览
每逢汛期到来，珊瑚坝机场都会被上涨的长江水淹没，只能暂停使用，待涨水退去复修。
1951年，该机场正式停用。

3　重庆江北机场 / 摄影 王思杰
重庆江北机场于1990年1月22日正式通航，1998年更名为重庆江北国际机场，
是我国中西部地区首个拥有三座航站楼和三条可同时运行跑道的机场。
目前，江北机场第四座航站楼（T3B航站楼）和第四跑道正在修建中。

2012—2021年重庆江北机场旅客及货物吞吐量

2021
2020
2019
2018
2017
2016
2015
2014
2013
2012

注：一个 👤 代表约250万人次

一个 📦 代表约2.5万吨货物

重庆占17.5%

2020 年
中欧班列全年开行
12406 列

重庆占33.7%

2021 年
西部陆海新通道
开行铁海联运班列
6117 列

● ● 铁路节点城市

● ● 直达航班节点城市

▼ **重庆主要国际、港澳台航班和铁路通道**

注：地图上各交通方式的统计数据截止到2021年

赫尔辛基
伦敦
阿姆斯特丹
杜伊斯堡　柏林
巴黎
哈恩　　华沙　明斯克
法兰克福
莫斯科
布达佩斯
罗马
萨马拉
渝新欧班列
阿斯

开罗

阿斯旺

多哈
迪拜
新德里

亚的斯亚贝巴

科

马累

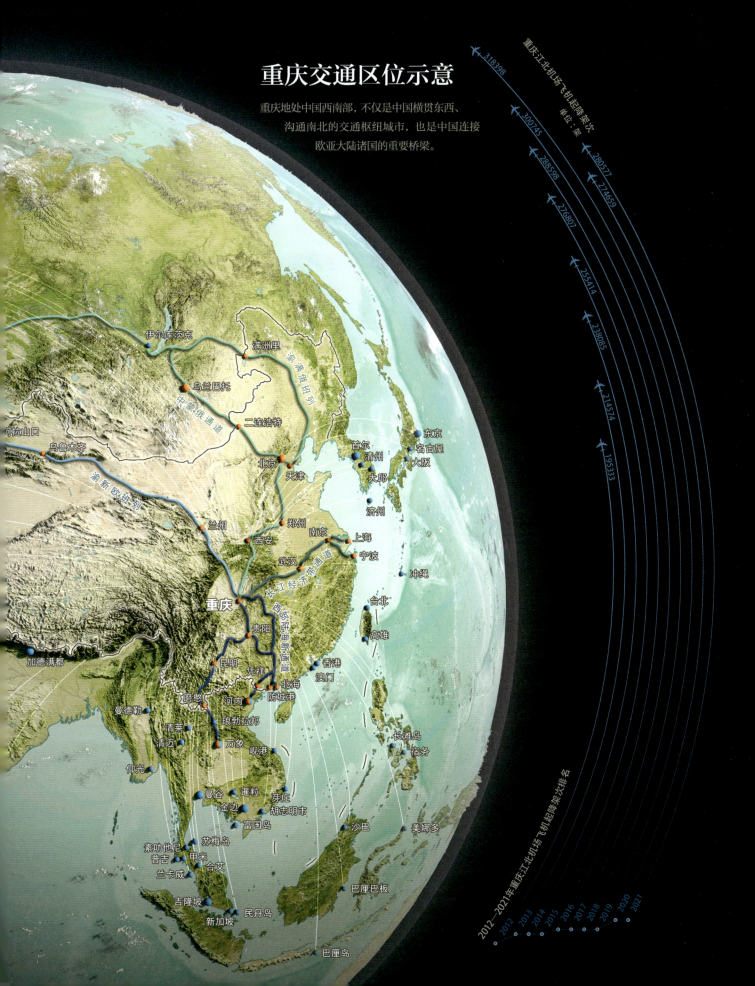

重庆交通区位示意

重庆地处中国西南部，不仅是中国横贯东西、沟通南北的交通枢纽城市，也是中国连接欧亚大陆诸国的重要桥梁。

重庆江北机场飞机起降架次
单位：架

318398
300745
288598
280577
274659
216807
255414
238085
214574
195333

2012—2021年重庆江北机场飞机起降架次排名

2012 2013 2014 2015 2016 2017 2018 2019 2020 2021

伊尔库茨克
满洲里
渝满俄班列
乌兰巴托
中蒙俄通道
二连浩特
北京
天津
可拉山口
乌鲁木齐
渝新欧班列
兰州
郑州
西安
南京
上海
武汉
宁波
长江经济带通道
重庆
冲绳
贵阳
西部陆海新通道
昆明
凭祥
北海
河内
防城港
加德满都
磨憨
琅勃拉邦
曼德勒
万象
清莱
清迈
岘港
仰光
曼谷
暹粒
芽庄
金边
胡志明市
富国岛
素叻他尼
苏梅岛
普吉
甲米
合艾
兰卡威
吉隆坡
民丹岛
新加坡
巴厘岛
东京
名古屋
首尔
清州
大阪
大邱
济州
台北
高雄
香港
澳门
长滩岛
宿务
沙巴
美娜多
巴厘巴板

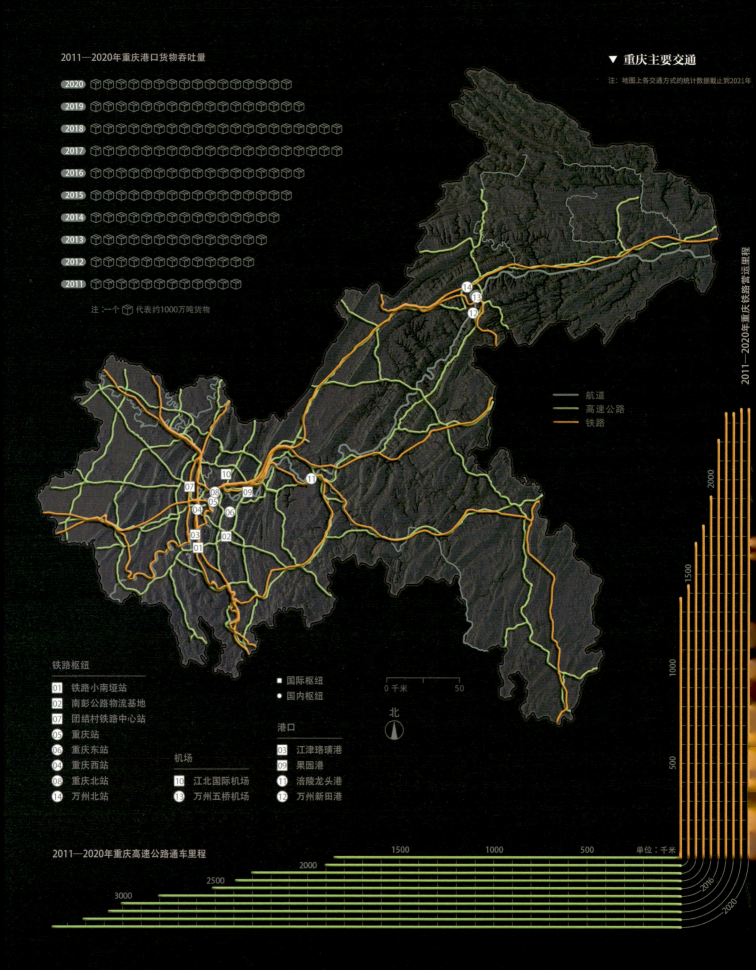

2011—2020年重庆港口货物吞吐量

注：一个 🗔 代表约1000万吨货物

▼ 重庆主要交通

注：地图上各交通方式的统计数据截止到2021年

2011—2020年重庆铁路营运里程

航道
高速公路
铁路

铁路枢纽

01 铁路小南垭站
02 南彭公路物流基地
07 团结村铁路中心站
05 重庆站
06 重庆东站
04 重庆西站
08 重庆北站
14 万州北站

机场

10 江北国际机场
13 万州五桥机场

■ 国际枢纽
● 国内枢纽

港口

03 江津珞璜港
09 果园港
11 涪陵龙头港
12 万州新田港

0 千米   50

北

2011—2020年重庆高速公路通车里程

单位：千米

至此，原本蜷缩于中国西南一隅的重庆，成了我国西部地区唯一兼具水、陆、空交通枢纽功能的城市，也成了欧亚大陆通达四面八方的国际物流枢纽城市。

崎岖的地形已不再是难以突破的地理障碍，如今的重庆是国家的中心城市，也是"一带一路"与长江经济带的联结点，同时，它还与成都共同组成了成渝地区双城经济圈，是除京津冀、长三角、粤港澳大湾区三大都市圈之外中国经济与交通的"第四极"。

重庆已然成为一座山水之间的大都会，随时欢迎着四面八方之客。

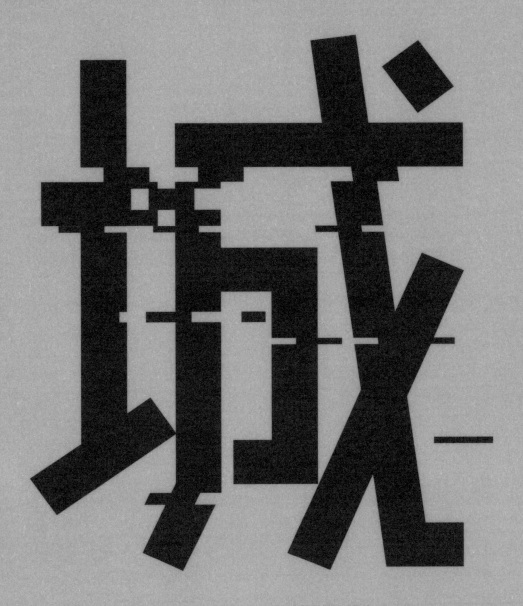

立体都市的
诞生

立体都市的
诞生

在山水环绕、江峡相拥的土地上，重庆人善于因时制宜，危急时利用山水之险保卫家园，安定时开发山水之利创造财富，最终在时代的洪流下，突破山水的重重阻碍，通向更为广袤的天地。而不断突围与建设的重庆人，也在适应环境、利用环境的过程中，创造出独一无二的立体之城。

立体是重庆的重要标签，这一特性渗透这座城的方方面面，从地势地貌到建筑、交通，再到美食……可以说，重庆的一切都发生在这坡坡坎坎之中，人们则站立在这起起伏伏的褶皱上，谱写出一行行生活的诗歌。

1
魔法空间

说起重庆的立体空间，最具视觉冲击力的莫过于其建筑。停靠在 8 层的公交汽车，被轨道交通穿越的住宅楼，"你以为在顶楼，其实在 1 楼"的"魔幻"奇遇……这一切，都是重庆的日常。

1 | 2 | 3

1　空中引桥 / 摄影　张明良
　　图中连廊位于魁星楼下的怡景大厦，是怡景大厦小区单元楼之间的引桥。
2　老居民楼 / 摄影　张乐
　　图中居民楼位于渝中区棉花街。两边的居民楼成轴对称，在冷暖灯光的对比下展现出强烈的"赛博朋克"风格。中间的连廊可将小区内所有单元楼连接。
3　左营街天桥 / 摄影　崔力
　　图中天桥位于渝中区左营街，桥身一端连接地面，另一端则直接通往鑫隆花园某单元楼的13层，被人们戏谑为"任性天桥"。

其实，重庆建筑并非都是密集立体的。在重庆的西部地区，地势相对平坦，合院式民居成为首选。在江津区的四面山镇，占地超过 2 万平方米的会龙庄气势磅礴，拥有 16 处院落、18 口天井、202 间房、308 道门，从高空俯瞰，犹如平铺在深山中的一处小宫殿。

但这种合院式民居却没能在重庆推广。多山、多江的自然环境让重庆缺少适于建设的平坦土地，而合院式建筑建设难度较大，对大部分平民而言，在重庆拥有一座规模浩大的"宫殿"实属奢望。于是，在依山傍水之处，吊脚楼应运而生。**正是这些鳞次栉比的吊脚楼，塑造了重庆建筑的"立体"风貌。**

吊脚楼之名来源于其长长的"吊脚"，它由底层架空、二层供人居住的干栏式建筑变化而来。但与纯粹离地而居的干栏式建筑相比，吊脚楼通常一半与地面相接，一半离地悬空，因而也被称作"半干栏"式建筑。吊脚楼能够如此广泛地分布在重庆大大小小的城镇、乡村，与重庆的自然条件、社会环境密不可分。

就自然条件而言，吊脚楼与重庆的地形地貌具有高度适配性。无论是洼地还是河岸，缓坡还是陡崖，吊脚楼总能轻松适应各种崎岖地形。此外，高温、高湿、多雨、少风的气候条件，对房屋的散热、防潮有较高的要求。作为"半干栏"式建筑，悬虚架空的吊脚楼能够有效地避免地面的湿气，增加建筑底部的通风空间。

而重庆独树一帜的移民文化，也使吊脚楼进一步占领了山城的空间。来自五湖四海的移民大多脱离了大的宗族，以小家庭为单位进行迁徙，他们所需的居住空间往往较小，所以吊脚楼往往规模小、风格朴素，易于建造。室内空间的使用也常常不拘成法，同一个房间既可用于饮食、会客，也可用作卧室。受到商业文化熏陶，一些场镇、码头的吊脚楼还会采取前店后居或下店上居的模式，商业活动与日常生活聚集于同一建筑中。

▼ 干栏式建筑到吊脚楼的演化示意

建造在平地的干栏式建筑。

干栏式建筑建在重庆山地，因需要挖平更多的地面空间，致使建设难度增大。

建造在重庆山地的半干栏式建筑，一部分用柱子承托，另一部分置于坡坎上，建造方便且结构稳定。

中山古镇吊脚楼 / 摄影 唐安冰
中山古镇坐落于江津区笋溪河畔，吊脚楼群多建造在临水处，保持着原始古朴的韵味。

不过，由于吊脚楼过于简陋，同时竹木材料极易引发火灾，这使得吊脚楼的居住安全性欠佳。因此，随着重庆城市的发展，吊脚楼在大大小小的城镇日渐式微，一座座钢筋混凝土建筑拔地而起，将其取而代之。

但新的建筑同样需要适应山地逼仄的地理环境，与其让环境适应建筑，不如让建筑与山地环境互相适应。

龚滩古镇建筑 / 摄影 王江
古镇建筑借鉴了吊脚楼"因借山势"的经验，图中低矮的房屋沿山地铺开，
高低错落，层次分明。

如今屹立于重庆中心城区的建筑，便是这种"相互适应"的结果。这些建筑不但延续了重庆人因地制宜的生存智慧，也为重庆城打造了独一无二的城市景观。

放眼渝中半岛，众多的山地建筑成为"网红"景点。

在嘉陵江岸边，和地面有数十米高差的悬崖之上，人们依山就势打造出一座商业建筑群——洪崖洞。它拥有 4 条横向街道、数条纵向梯道，犹如一座崖上"小镇"。"小镇"的 1 楼与 11 楼处分别设置了入口，将沧白路与嘉陵江滨江路巧妙地连接，令人啧啧称奇。民国时期，洪崖洞作为河运货物集散地，片区内布满高低错落的吊脚楼建筑群。2002 年重庆市政府对其进行改建，最终于 2006 年建成洪崖洞民俗风貌区。不同于传统的吊脚楼，改建后的洪崖洞吊脚楼群为现代的钢筋混凝土结构建筑，但在外观上，通过对传统吊脚楼的吊脚形式、穿斗式结构以及墙体颜色、雕花的"复刻"，实现了传统与现代的巧妙融合，彰显着重庆的地域特色。

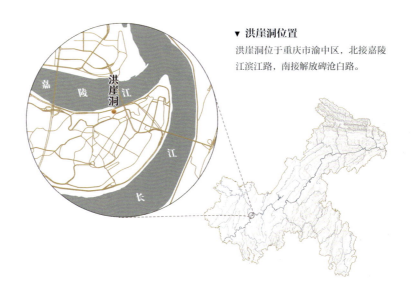

▼ **洪崖洞位置**
洪崖洞位于重庆市渝中区，北接嘉陵江滨江路，南接解放碑沧白路。

节日期间的洪崖洞 / 摄影 张坤琨
2023年"五一"节假日期间，无数游客前往洪崖洞观光游玩。市政管理为保障游人出行安全，特意辟出千厮门嘉陵江大桥，供行人通行。

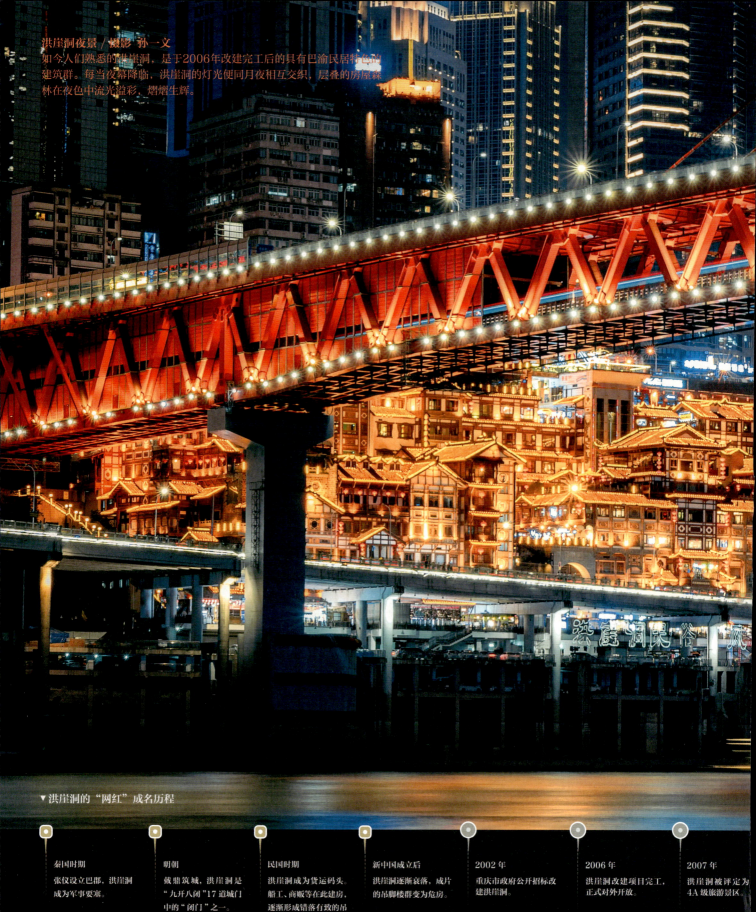

洪崖洞夜景 / 摄影 孙一义

如今人们熟悉的洪崖洞，是于2006年改建完工后的具有巴渝民居特色的建筑群。每当夜幕降临，洪崖洞的灯光便同月夜相互交织，层叠的房屋森林在夜色中流光溢彩，熠熠生辉。

▼ 洪崖洞的"网红"成名历程

泰国时期
张仪设立巴郡，洪崖洞成为军事要塞。

明朝
戴鼎筑城，洪崖洞是"九开八闭"17道城门中的"闭门"之一。

民国时期
洪崖洞成为货运码头。船工、商贩等在此建房，逐渐形成错落有致的吊

新中国成立后
洪崖洞逐渐衰落，成片的吊脚楼群变为危房。

2002 年
重庆市政府公开招标改建洪崖洞。

2006 年
洪崖洞改建项目完工，正式对外开放。

2007 年
洪崖洞被评定为4A 级旅游景区

2015 年
洪崖洞因外形与动画电影《千与千寻》中的油屋相似，引发人们关注。

2018 年
洪崖洞在抖音爆火，仅国庆期间的游客接待量就达 79.67 万人次，同比增长 184.54%。

2019 年
洪崖洞热度不减，春节期间接待游客 68.6 万人次，同比增长 261.05%。

2020 年
洪崖洞的提档升级工程启动。

2021 年
洪崖洞提档升级工程完成，其外立墙面、灯饰及业务经营的形态等得到了升级。

2023 年
截至 5 月，话题为"洪崖洞"的短视频已在抖音突破 27 亿次播放量。

而在长江边上，拥有6栋楼、24层住宅的白象居，则是另一处"网红"之地。

白象居坐落在渝中区解放东路和白象街交会处。在建造之初，设计师曾考虑过建设高层电梯房的方案，以解决所在片区人口紧张的问题。但楼里的住户大多是依托川江谋生计的船工与搬运工，无力承担高昂的电梯养护费用。好在重庆独特的地形给了建筑设计发挥的空间。通过借助38米的高差，在不同的楼层设置多个入口，白象居实现了建造无电梯的高层建筑。该设计既顺应着重庆的地貌地形，也为居民们保留了开阔的观江视野，让百分之七十五的住户都能看到江景，是重庆山地建筑极富智慧的创造。

白象居 / 摄影 张坤琨
白象居建于1992年。楼内虽未安装电梯，
但在1楼、10楼、15楼皆设置了出入口，各自通向不同街道，保障了居民的日常出行。

除此之外，犹如阶梯的益建大厦，建立在屋顶的空中足球场，架起 20 多米长"悬空"天桥的魁星楼……这些建筑无一不显现出浓厚的山城气质，在起伏逼尺的空间中"纵横捭阖"。

随着时间的奔涌，重庆的建筑与城市发展也碰撞出更多创意火花。形如"筷子楼"的国泰艺术中心、红柱绿瓦筑成的重庆市人民大礼堂，酷似"玻璃时空船"的重庆大剧院，以"朝天扬帆"姿态立于两江交汇处的重庆来福士……它们以独具匠心的设计将重庆的建筑美学推升至新的高度。新的地标性建筑的诞生，不断地丰富着山城的城市面貌。

多山、多江、多雨、多雾的环境，加上繁复多样、不拘一格的建筑形态，塑造了重庆极为独特的城市气质，也为世人展现着属于重庆的"魔法空间"。

当然，所谓的奇观与魔法，不过是重庆人循着山水的指引，用千百年生活所积攒的智慧，对环境的巧妙适应而已。

时至今日，重庆中心城区的现代建筑群依然保持着极高的密度，无数建筑在山地上层叠而上，一片片气势恢宏，密密匝匝的高楼大厦令人叹为观止。然而，重庆人的创造力远不止于此，不断变化的交通方式同样展现着重庆人的聪明才智与重庆城的不可思议。

彩虹楼梯／摄影 张坤琨

彩虹楼梯藏身于枇杷山正街的居民楼间，阶梯经过多种颜色涂鸦，犹若空中的缤纷彩虹。

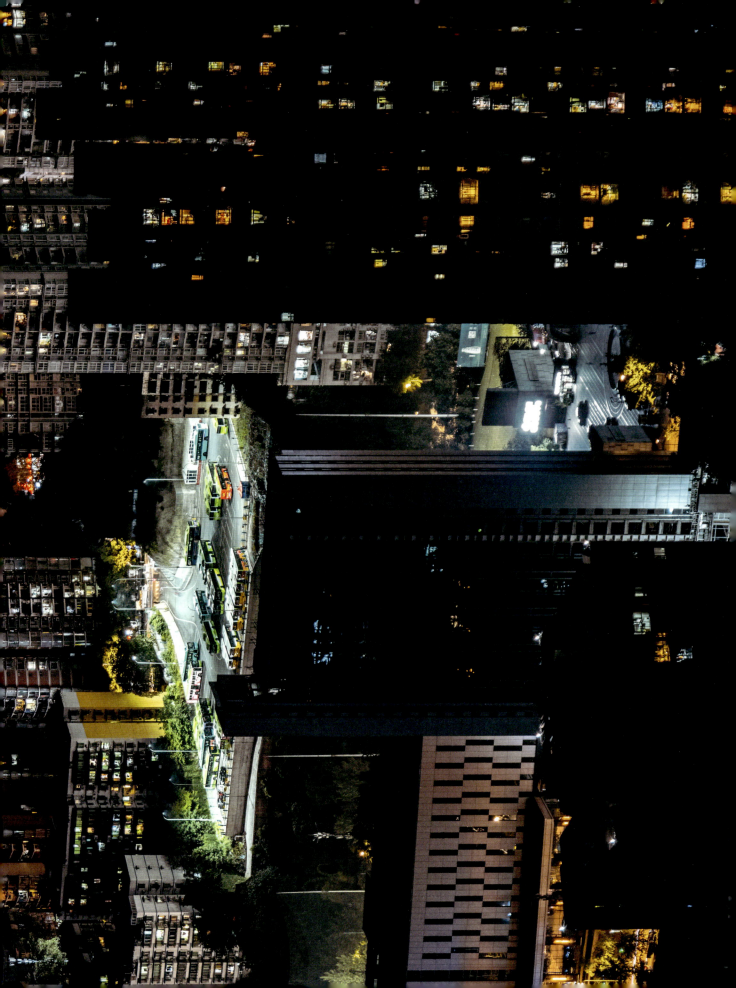

国泰艺术中心／摄影 虞楠祥
国泰艺术中心以黑、红为主题色，建造时使用了斗拱式结构的穿插与叠错手法，外形如同堆叠而跃动的筷子，故被人们称为『筷子楼』。

八楼的停车场／摄影 张帅焜
图中的停车场位于两条公用车道。停车场后设有两条公用车道，车辆可沿车道行驶至顶楼停放。

1 | 2 | 3

1　重庆市人民大礼堂 / 摄影 司琪

重庆市人民大礼堂于1951年兴建，采用分层筑台形式建成，共分为7级台地，中心礼堂位于台地的最高一级。外观上仿照了明清宫殿建筑，与北京天坛"祈年殿"相似，曾被建筑大师梁思成誉为"二十世纪五十年代中国古典建筑划时代的最典型的作品"。

2　**千佛寺与来福士 / 摄影　司琪**
千佛寺坐落于南岸区南滨路，与位于渝中半岛的来福士隔江相望。图中的古寺与高楼既形成对比，又相互映衬，古典与现代、传统与先锋在山城"冲撞"、会合，极富视觉张力。

3　**宝轮寺与鸿恩阁 / 摄影　李引凡**
图中离我们较近的寺庙为宝轮寺，位于沙坪坝区磁器口古镇，至今已跨过千年。远处山顶的楼阁为仿古建筑鸿恩阁，耸立于江北区鸿恩寺森林公园，是重庆中心城区内最高的观景台。两座建筑隔着众多楼宇遥相呼应，似真似幻，恍如梦境。

2

翻山越水

让重庆拥有"8D 魔幻城市"之名的不仅仅是城市内令人称奇的建筑，还有各式各样的城市交通。"山城"与"江城"两大属性，让重庆的城市内部交通始终无法避开"翻山"和"跨江"两大任务。与重庆的对外交通相似的是，随着交通技术的不断发展与革新，重庆人"翻山"与"跨江"的方式也在不断更新。

$$\frac{1}{\begin{array}{c}2\\3\end{array}}$$

1 过江索道 / 摄影 张坤琨
长江索道北起于渝中区新华路（索道北站），南至南岸区上新街（索道南站），是极具重庆特色的交通工具。乘坐索道也成为许多外地游客打卡重庆的必选项。

2 单轨列车 / 摄影 黄祖伟
跨座式单轨是重庆轨道交通的代表。图中列车行驶的轨道交通 2 号线，是我国第一条跨座式单轨线路，著名的"网红"景点李子坝站就坐落在这条线上。

3 出租车 / 摄影 张坤琨
由于重庆多雾，出于安全考虑，重庆出租车外观采用醒目的黄色，易于人们在雾中辨识。又因为出租车司机往往驾车娴熟，穿行自如，故重庆出租车也被人们称作"黄色法拉利"。

生活在"山城"，重庆人的出行不得不考虑山地的影响。

在通常情况下，道路或是平行于等高线，或是以较小的角度与等高线斜交，以实现较小的道路坡度。因此，主要道路之间大多也相互平行。在山城，若想实现道路间的连接，就需要依靠连接等高线的阶梯——梯坎。在部分场镇，一级级的梯坎从江边码头延伸至城镇的尽头，"爬坡上坎"成为重庆人的日常。

在重庆中心城区，一段段梯坎是城市的标志性景观之一。在渝中半岛的重庆城，山岭将其分为两部分：靠近长江沿岸的一侧地势较低，被称为"下半城"；半岛山脊和靠近嘉陵江沿岸的一侧地势更高，被称为"上半城"。上下半城通过一连串曲折蜿蜒的梯坎连接。在木船贸易兴盛的时代，来来往往的商旅登上朝天门码头之后，要经过长长的梯坎才能进入城内的街道。**十八梯，便是重庆最为人熟知的上下半城衔接纽带。**

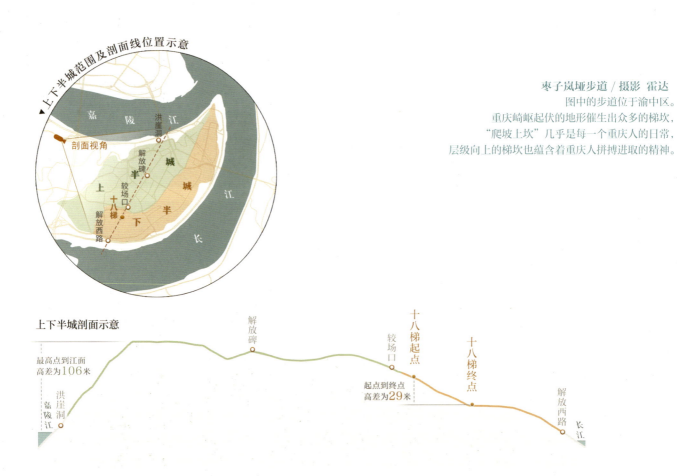

枣子岚垭步道 / 摄影 霍达
图中的步道位于渝中区。
重庆崎岖起伏的地形催生出众多的梯坎，
"爬坡上坎"几乎是每一个重庆人的日常，
层级向上的梯坎也蕴含着重庆人拼搏进取的精神。

注：图中所示地点非严格处于同一截面，仅作示意

十八梯的上端通达较场口，下端延伸至解放西路，相传因老街上下两端间的石梯共计十八段而得名[1]。层级的梯坎不但给人们的通行提供了便利，也见证着人们鲜活的生活。在十八梯片区内，吊脚楼、院落与街巷错落其间，商贩、劳工攘来熙往，叫卖声、谈笑声交织混杂……一切矛盾与和谐、破败与喧闹在此会合，凸显了这座城市强劲的生命力。

伴随着城市的新旧更替，2010年，十八梯在人们的怅然中启动了拆迁改造工程，直到2021年十八梯传统风貌区建成，这一"断裂"的生活脉络才得以延续。而昔日梯坎上的市井烟火，则化为隽永的集体记忆，被人们恒久地珍藏。

一级级的梯坎也催生了重庆数量庞大的"棒棒"[2]。

作为四川盆地曾经最大的货物集散地，重庆的货物运输量极大，但起伏的地形无法借力于车辆，大量货物只能依赖人工搬运。棒棒们肩扛着一根两端系着绳索的竹棒，将川江和嘉陵江上的货物运送至这座山城的各个角落，是川江贸易中必不可少的一环。

如今，成群的棒棒军渐渐淡出了人们的视野，但在城区依旧能寻见零星在路边等待招揽的棒棒。他们与船夫、纤夫一道，不仅挑起了繁重的商品、货物，也共同"承载"和见证着重庆的变迁。

———————

1. 也有说法认为，十八梯名称的由来是当地居民离日常打水的水井距离共有十八步。

2. "棒棒"指肩扛一根圆竹棒、从事人力搬运工作的特殊劳动者，因具有群体活动属性，也被称为"棒棒军"，最早可追溯至民国以前，当时称作"力夫"。

1
—
2

1 拆迁中的十八梯 / 摄影 崔力
重庆开埠通商后，十八梯便是贸易互通的必经路段。新中国成立后，
随着城市更新与陆路运输的发展，十八梯的交通优势减退，逐渐沦为危房遍布的棚户区，
最终于2010年正式启动拆迁。图片拍摄于2015年8月3日。

2 十八梯新貌 / 摄影 陈云元
十八梯于2017年5月开始动工重建，2021年9月30日重新开放，
已成为重庆城市文化记忆的重要载体，见证着重庆的历史变迁。

1　山城棒棒军 / 摄影　徐刚
　　棒棒大部分来自农村，多以40至60岁的中年男性为主。

2　棒棒的背影 / 摄影　胡思维
　　如今的棒棒在搬运货物时已不再依赖竹棒，但用"棒棒"来称呼临时搬运工的习惯却被延续至今。

日复一日的"爬坡上坎"虽然极具重庆特色，但人们依然期盼着效率更高的交通运输方式出现，于是沿地面轨道运行的缆车[1]率先在重庆登场。1945 年，由著名桥梁专家茅以升、梅旸春设计的望龙门缆车轰动重庆城。这条缆车线路全长 178 米，每次能够搭载 100 名乘客，且能够爬上高 46.9 米的山坡，给从沿江码头进入重庆城内的人们带来诸多便利，一时成为大家争相"打卡"之地。新中国成立后，缆车这一独具重庆特色的交通方式存在了较长的时间，往返于菜园坝火车站与两路口的菜园坝缆车，上下于朝天门码头的朝天门缆车，都曾是重庆城繁忙的交通线路。不过，随着交通工具不断革新，老旧的缆车逐渐没落，让位于新式交通工具。

在取代缆车的交通工具中，有两种极具重庆特色——电梯与自动扶梯。由于拥有良好的爬坡能力，它们能够极好地适应山城重庆的起伏地形。1986 年，连接重庆下半城凯旋路与上半城新华路的凯旋路电梯投入运行，成为我国第一部城市客运电梯。它能够在约 1 分钟内将乘客提升或降落 32.5 米，这相当于 11 层楼的高度。1996 年建成运营的皇冠大扶梯取代了菜园坝缆车，成为两路口与菜园坝火车站间的主要交通工具，它全长 112 米，提升高度可达 52.7 米，建成后一举成为当时全国第一、亚洲第二的一级提升坡地扶梯[2]。效率更高、载客更多的电梯和自动扶梯已成为极具重庆特色的交通工具。

---

1. 地面缆车由驱动机带动牵引索（通常为钢丝绳），牵引车厢沿着具有一定坡度的轨道运行。

2. 一级提升坡地扶梯，指在坡地上仅用一级连续就能完成提升的扶梯。

1 | 2

1　两路口缆车 / 摄影 程良建　供图《永远 朝天门》展览
两路口缆车是新中国成立后重庆修建的第一条缆车，
也是当时载客量最大的缆车。

2　望龙门缆车 / 摄影 程良建　供图《永远 朝天门》展览
望龙门缆车的轨道采用了鱼腹式设计，即两端为单车道，中间设置双车道，
用于上下方向运行的缆车错车。1993 年，望龙门缆车正式停运。

但无论缆车与扶梯如何高效地爬坡，都只能局限于一处有限的空间，真正对重庆城市交通方式产生革命性影响的，当数市政道路的建设及公共汽车的发展。1929年，重庆第一条马路——自七星岗至曾家岩的中干道修建完成。更加宽阔的马路让汽车行驶成为可能，4年之后的1933年，重庆第一条公共汽车线路便沿这一干道运行。公交车的出现极大地方便了人们的出行，更加高效的市内交通也让城市进一步向外拓展空间。随着道路逐渐向外延伸，重庆中心城区从渝中半岛逐渐扩展至两江四岸，而后进一步铺展至缙云、中梁、铜锣、明月四山之间。与此同时，公交车日渐成为重庆人习以为常的交通工具。截至2022年底，重庆的公路路网密度已为226千米／百平方千米[1]，翻山越岭的公交车已经成为重庆人出行的绝佳选择。

除此之外，城市轨道交通也很快投入运营。2005年，重庆轨道交通2号线开始运行，这是中国西部第一条城市轨道交通线路。与大多数城市的地铁不同，重庆的2号线仅有单条轨道，列车行驶时犹如跨坐于轨道之上，因而被称作跨座式单轨。这也是中国第一条投入运营的跨座式单轨线路。相比于地铁，跨座式单轨列车的运载量稍逊一筹，但更好的爬坡能力、更灵活的建设条件及较低的建设成本，让跨座式单轨列车非常适合重庆的地理环境。**单轨穿楼而过的李子坝站，则是2号线上最富特点的设计。**

跨座式单轨本身为重庆的城市景观增添了诸多亮点：列车穿楼而过的李子坝站，倚靠山岭、穿越花海的佛图关站，有着近90度的单轨弯道、犹如坐过山车的平安站……或许只有崎岖不平的重庆，才能让轨道交通线路成为流动的风景，巧妙地将吸引无数游客的"景点"穿针引线。

1. 指路网密度达到了每100平方千米226千米，数据来源为《2022年重庆市国民经济和社会发展统计公报》。

爬坡能力对比

一般地铁的最大爬坡能力为40‰（即水平距离行走1000米，攀升高度为40米），而跨座式单轨最大爬坡能力可达60‰。重庆作为山城，最大纵坡为45‰，跨座式单轨能比一般地铁更好地适应重庆起伏的地形。

单轨

地铁

60米

40米

40米

1000米

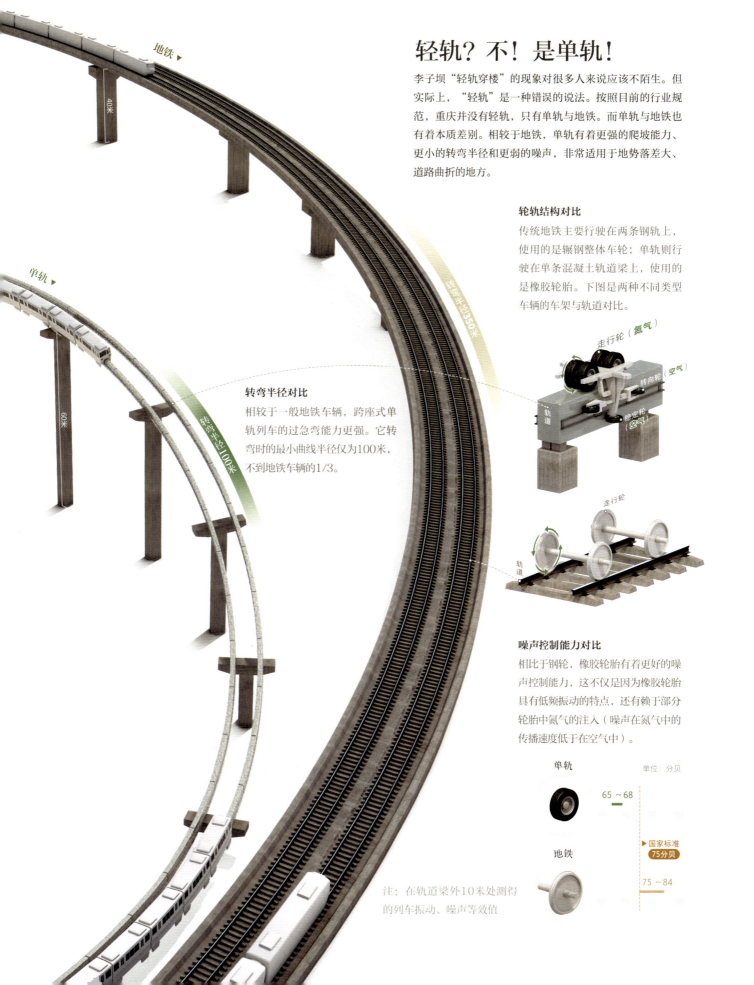

轻轨？不！是单轨！

李子坝"轻轨穿楼"的现象对很多人来说应该不陌生。但实际上，"轻轨"是一种错误的说法。按照目前的行业规范，重庆并没有轻轨，只有单轨与地铁。而单轨与地铁也有着本质差别。相较于地铁，单轨有着更强的爬坡能力、更小的转弯半径和更弱的噪声，非常适用于地势落差大、道路曲折的地方。

地铁 ▶

40米

单轨 ▶

60米

转弯半径350米

转弯半径100米

轮轨结构对比

传统地铁主要行驶在两条钢轨上，使用的是辗钢整体车轮；单轨则行驶在单条混凝土轨道梁上，使用的是橡胶轮胎。下图是两种不同类型车辆的车架与轨道对比。

走行轮（氮气）

转向轮（空气）

轨道

稳定轮（空气）

转弯半径对比

相较于一般地铁车辆，跨座式单轨列车的过急弯能力更强。它转弯时的最小曲线半径仅为100米，不到地铁车辆的1/3。

走行轮

轨道

噪声控制能力对比

相比于钢轮，橡胶轮胎有着更好的噪声控制能力，这不仅是因为橡胶轮胎具有低频振动的特点，还有赖于部分轮胎中氮气的注入（噪声在氮气中的传播速度低于在空气中）。

单轨

单位：分贝

65 ~ 68

▶国家标准
75分贝

地铁

75 ~ 84

注：在轨道梁外10米处测得的列车振动、噪声等效值

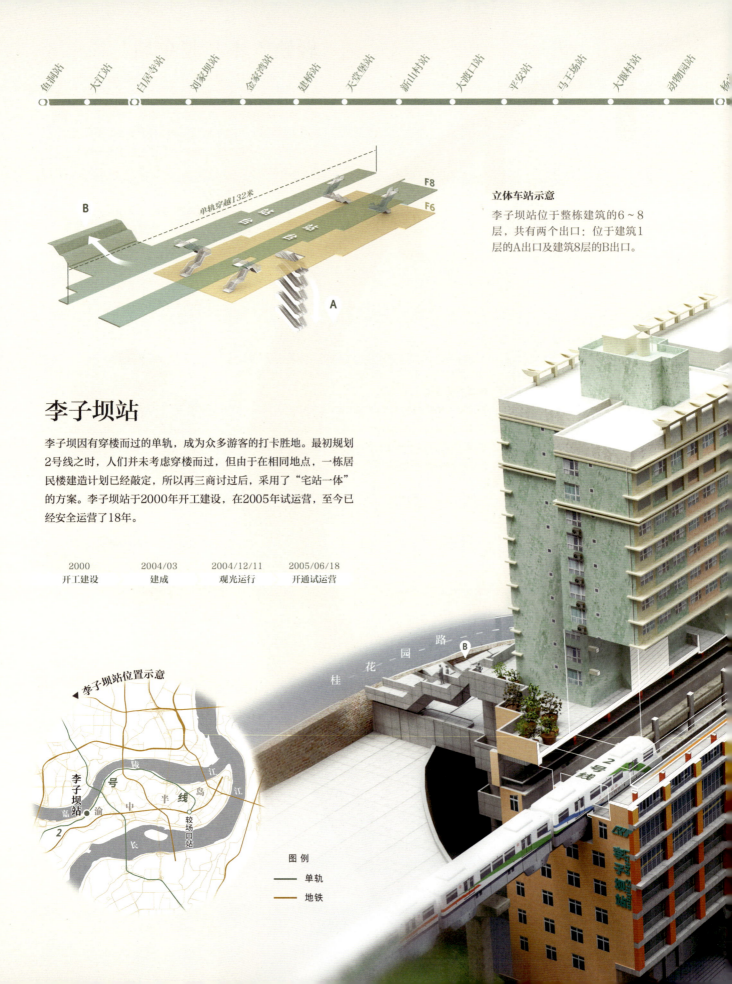

单轨穿越132米

F8

F6

B

A

立体车站示意

李子坝站位于整栋建筑的6~8层，共有两个出口：位于建筑1层的A出口及建筑8层的B出口。

李子坝站

李子坝因有穿楼而过的单轨，成为众多游客的打卡胜地。最初规划2号线之时，人们并未考虑穿楼而过，但由于在相同地点，一栋居民楼建造计划已经敲定，所以再三商讨过后，采用了"宅站一体"的方案。李子坝站于2000年开工建设，在2005年试运营，至今已经安全运营了18年。

2000	2004/03	2004/12/11	2005/06/18
开工建设	建成	观光运行	开通试运营

▲ 李子坝站位置示意

李子坝站

2

桂花园路

B

图例

—— 单轨

—— 地铁

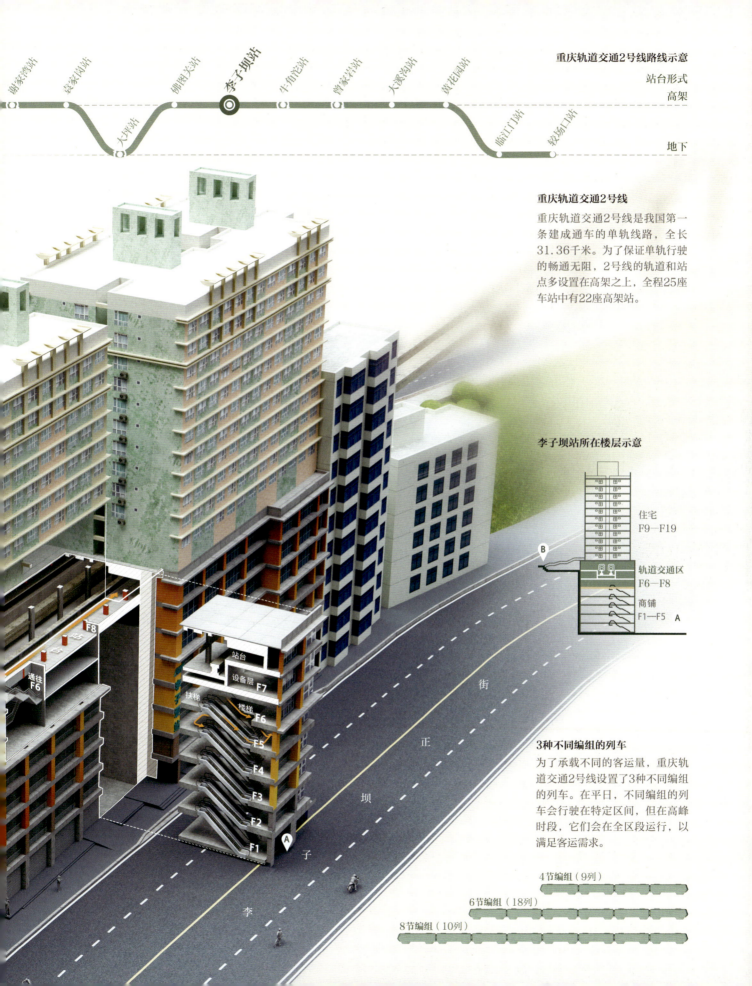

重庆轨道交通2号线路线示意

站台形式

高架

地下

咖啡湾站 综家园站 乡园关站 李子坝站 牛角沱站 曾家岩站 大溪沟站 路花园站

大坪站 临江门站 较场口站

重庆轨道交通2号线

重庆轨道交通2号线是我国第一条建成通车的单轨线路，全长31.36千米。为了保证单轨行驶的畅通无阻，2号线的轨道和站点多设置在高架之上，全程25座车站中有22座高架站。

李子坝站所在楼层示意

住宅
F9—F19

轨道交通区
F6—F8

商铺
F1—F5

站台
设备层 F7
扶梯
楼梯 F6
F5
F4
F3
F2
F1
通往F6
F8

3种不同编组的列车

为了承载不同的客运量，重庆轨道交通2号线设置了3种不同编组的列车。在平日，不同编组的列车会行驶在特定区间，但在高峰时段，它们会在全区段运行，以满足客运需求。

4节编组（9列）

6节编组（18列）

8节编组（10列）

正

街

坝

子

李

单轨 3 号线列车相遇 / 摄影 陈晓心
重庆轨道交通3号线是继2号线后重庆的第二条跨座式单轨线路，于2011年正式投入运营。图中的3号线列车正经过渝澳大桥。

当"翻山"不再困难，"穿山"自然不在话下。

2011 年，重庆轨道交通 1 号线开始运行，这是重庆的第一条地铁线路，与 2 号线不同的是，它在渝中半岛的大部分车站均位于地下，是一条名副其实的地下交通动脉。

截至 2023 年 2 月，包括单轨、市域（郊）铁路、地铁在内，重庆轨道交通已经拥有 12 条线路，运营总里程突破 500 千米，便捷的交通已成为重庆人出行的有力保障。

能够"穿山"的当然不止地铁。在热闹繁华的解放碑商圈地下，"一环、七射、N 联通"的地下环路构建了渝中半岛的地下交通骨架。在起起伏伏的平行岭谷之中，密密麻麻的省道、国道、高速公路、铁路隧道穿梭其间，构成了连接重庆不同城市区域的快速通道。

无论是在地上还是在地下，重庆人都拥有各式各样的翻山越岭之法。从梯坎到缆车、扶梯，再到公路、轨道交通，起伏的地形对重庆人而言，已经不再构成挑战。

1 | 2

1　轨道交通与公路交通 / 摄影 范晓东

2　正在行驶的单轨 3 号线列车 / 摄影 范晓东
图片拍摄于唐家院子站。图中的 3 号线路段呈东西走向，
左右两张图的拍摄视角刚好呈 180 度。

翻山越岭之后，"如何建设跨江交通"成为"江城"重庆必须面对的另一大问题。

早在汉朝，船就是联络渝中半岛与江北的交通工具。明清时期，伴随人口增长及商贸发展，木划子摆渡成为人们横渡江河的重要方式。当时既有收费的民渡，也有公益慈善性质的义渡。

在开埠之后，重庆的木船民渡日益兴旺，到1933年，重庆中心城区一带两江木渡码头数量有40个，从业人员数量超过1万。来来往往的木划子见证了重庆木船最后的兴盛。

不过，木船在安全性和效率上都存在明显不足。特别是在抗战全面爆发后，重庆城市人口剧增，旧式的木划子远远无法满足人们的出行需求，重庆跨江交通的新主力——轮渡应运而生。

1938年，重庆轮渡股份有限公司成立，渝中半岛储奇门至南岸海棠溪的轮渡航线正式开通，这是重庆的第一条轮渡航线。在重庆大轰炸期间，不少百姓从渝中半岛逃至南山避险，这条从渝中半岛通往南岸的轮渡线便成了重庆人民的生命线。

1
―
2

1 "人民28号"登陆舰 / 供图 《永远 朝天门》展览
"人民28号"登陆舰是美国在诺曼底登陆时建造的登陆舰之一，
后被划归重庆长江轮船公司所有，是当时长江轮船公司的运输主力。
目前已被改装成修船车间，停泊于重庆弹子石水域。图片中央的登陆舰即为"人民28号"。

**2 1984年，新成立的民生公司的第一艘轮船正式在朝天门启航，
人们为此欢呼雀跃 / 供图 《永远 朝天门》展览**

轮渡 / 摄影 熊康
图中的旅游船正从东水门长江大桥下经过，远处的高层双子塔为重庆喜来登国际中心。

在很长一段时间内，轮渡几乎是重庆人"过江"的唯一方法。然而，湍急的江河、多雾的天气，都极大地影响着轮渡的安全和效率，重庆人仍在寻找更多的跨江方式。

直到 1982 年横跨嘉陵江、连接渝中半岛与江北嘴的重庆嘉陵江索道，和 1987 年连接渝中半岛与南岸的重庆长江索道开始运行，这一"过江"困境才得以突破。

相比于轮渡，索道成本低、污染少，不受洪水与枯水期影响，基本可全天候运行。两条索道开通之后，重庆人跨江交通用时从超过半小时缩短至几分钟，这给人们的跨江通行带来了极大便利。

嘉陵江索道在运行的 29 年里，累计载客量超过 1 亿人次，最高时每天有 2.54 万人次乘坐索道渡江。

至今仍在运行的长江索道，仅 2019 年一年就运送乘客超过 500 万人次。划破两江天空的重庆索道无疑给重庆居民带来了巨大的便利，也成为重庆城市上空一道独一无二的风景线。

长江索道 / 摄影 汤玮
长江索道从1987年开始投用，维持着每秒6米的速度运行。
轿厢共经历7次外观改造，图中为最近一次变装，红黄的主题色搭配山水的线条，
尽显山水之城的热情灵动。

长江索道正从白象居前经过 / 摄影 张坤琨

但无论是轮渡还是索道，在便捷性和交通运输能力上都难以与桥梁相比。

1959 年，连接成渝铁路、川黔铁路的重庆白沙沱长江铁路大桥建成通车，成为继武汉长江大桥之后长江干流上的第二座大桥。1966 年，位于牛角沱的重庆嘉陵江大桥建成通车，重庆中心城区第一座跨江大桥诞生，渝中区与江北区得以相连。1980 年，重庆长江大桥（又称"重庆石板坡长江大桥"）建成通车，这是长江上游第一座公路大桥，长江南北两岸的重庆居民终于拥有了最为便捷高效的道路。

如今，47 座长江大桥、41 座嘉陵江大桥、31 座乌江大桥横跨重庆江面，汽车、火车、高铁、轨道交通、摩托车、自行车、行人，乃至天然气管道，都可以借助大桥安全、快速地渡过滔滔江水，跨越天堑。

自江津至巫山的 691 千米长江江段上，重庆的桥梁数量占全部已建成长江大桥数量的 1/3 以上，涵盖了梁桥、刚构桥、拱桥、斜拉桥、悬索桥等不同桥型，重庆市域内已搭建起 1 万多座桥梁，成为当之无愧的"桥梁博物馆"。

东水门长江大桥　　菜园坝长江大桥　　曾家岩嘉陵江大桥

重庆长江大桥　　　千厮门嘉陵江大桥

南纪门轨道大桥　　嘉华大桥　　黄花园大桥

朝天门长江大桥

大佛寺长江大桥

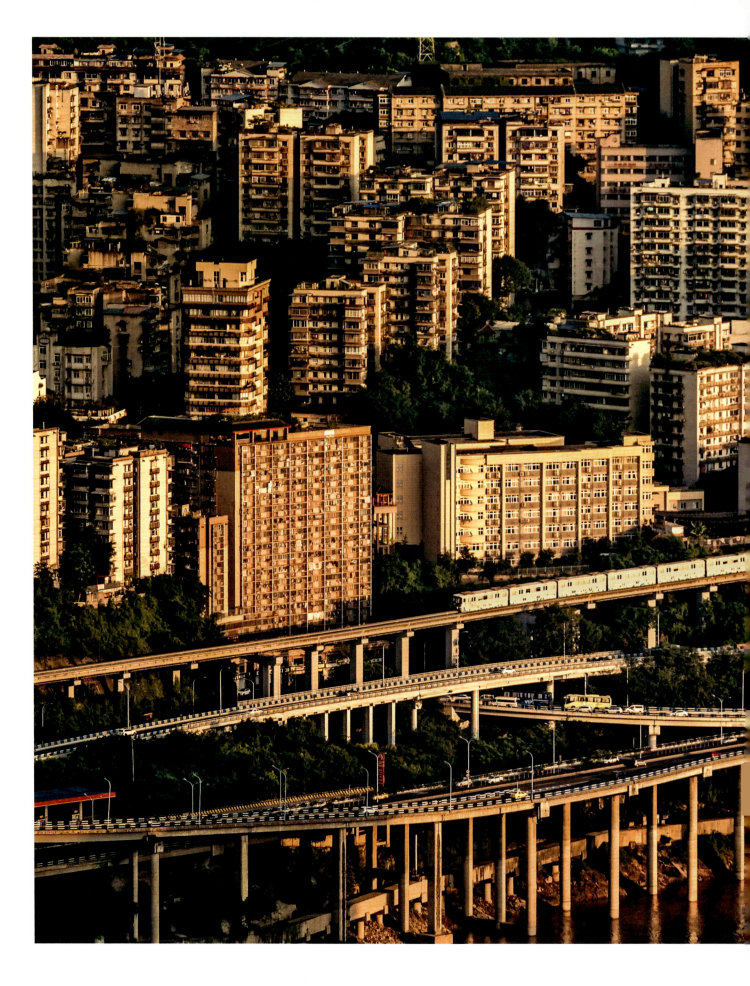

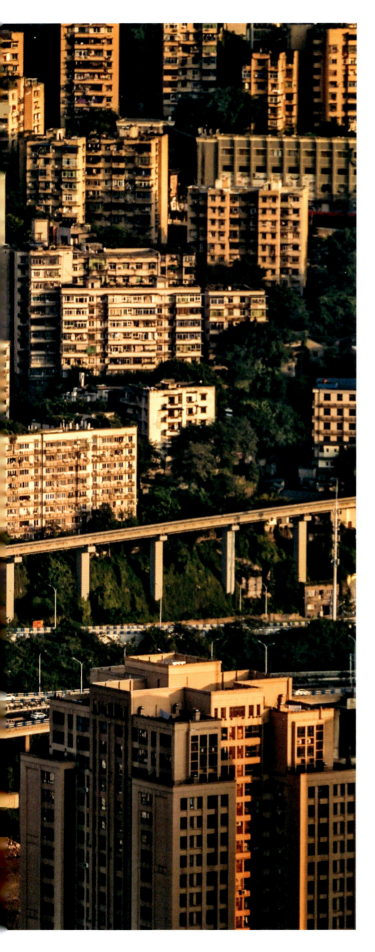

从梯坎、缆车、轮渡，到电梯、扶梯、索道，再到跨座式单轨、地铁、地下环路、跨江大桥、立交桥，众多的交通方式汇聚于重庆中心城区，交织成立体多样的交通形式。

而当这些立体交通与立体建筑"相遇"时，整座城市的"立体之魂"便呼之欲出：船舶在江水的拍击下徐徐前行，过江索道在宽阔的江面上空飘然而过，公路与轨道随着山体起伏并穿梭于楼宇之间，各具千秋的建筑则如雨后春笋，从山顶一排排"蔓延"至山脚。

立体重庆画卷 / 摄影 熊康
楼宇依山而筑，水陆交通相互交织，
立体重庆便在这大山大江之间架起骨骼，向上生长。

3

美食江湖

鳞次栉比的高楼大厦，上下纵横的城市交通，赋予了重庆立体的外观风貌，加上云雾、阴雨与霓虹灯的映衬，重庆成了新晋的"赛博朋克"之城。

不过，相较于科幻想象中赛博城市的冷漠与压抑，重庆却展现出与之相异的豪爽与热情。人们并没有因为持续增多的楼宇高架而陷入逼仄的生活，反而在高低起伏的间隙中创造了属于自己的快意江湖。听上去似乎不可思议，但如若我们将目光移至重庆街巷，再进一步聚焦重庆美食，立体重庆的烟火气息便有迹可循。

重庆自古就是一片"富足"之地，美食自然数不胜数。

早在汉晋时期，巴地便有了渔猎、养殖等产业，各种肉类可谓一应俱全。逐步发展起来的立体农业，则让巴地居民早早实现了"粮食自由"。大量富余的谷物被用来酿造美酒，加上井盐的生产，花椒、姜、茱萸等辛辣调味料的种植，人们的味觉体验也极尽丰富。东晋时的地方志《华阳国志·巴志》曾记载："土植五谷，牲具六畜。桑、蚕、麻、纻、鱼、盐、铜、铁、丹、漆、茶、蜜、灵龟、巨犀、山鸡、白雉、黄润、鲜粉，皆纳贡之。"重庆物产的丰饶由此可见一斑。

吃美食的人们 / 摄影 黄一

而在随后的历史中，重庆不仅保留着巴蜀之地的丰饶物产，更在四方移民的融合之下，让美食涌现了更多可能性。

明末时期，美洲的辣椒传入巴蜀地区，为传统川菜的诞生提供了条件。"湖广填四川"期间，大量外省移民的涌入，带来了多元的烹饪文化。来自湖广的红烧、江西的粉蒸及北方诸省的爆炒等手法，极大地丰富了川菜的烹饪技法。当这些新的烹饪技巧逐渐本地化后，融合和创新便带来了一场味觉盛宴。荔枝辣香、鱼香、麻辣、椒麻、糊辣等数十种常用味型在重庆逐步成形。上可登席、下可家常的回锅肉，田间宴请常见的烧白，具有典型川菜荔枝味型的江津肉片、合川肉片……这些传统的川菜名品也在这里汇聚，五湖四海的味蕾都可以在重庆得其所哉。

抗日战争期间，新一波的人口涌入重庆，上海、江浙、广东、天津等地的大厨云集于此，川菜、沪菜、粤菜、淮扬菜、北方菜等不同菜系在重庆同场竞技，相互融合，最终催生出更多经典川菜。

代表川菜鱼香味型的鱼香肉丝，代表水煮烹饪技巧的水煮肉片，源自江南又经改良的小炒肉，以及樟茶鸭、干烧鱼、芙蓉鸡片等川菜的经典做法，大都起源于这一时期。多样的调味、烹饪技巧，让川菜拥有了"一菜一格，百菜百味"的鲜明特点，也让重庆人得以品尝酸甜苦辣咸带来的五味人生。

1 | 2
3 | 4

1 烧白 / 摄影 蒋小翼
烧白常见于重庆农家宴席，做法以清蒸烧烩为主，有咸和甜两种口味，图为甜烧白。

2 蒜泥白肉 / 摄影 杨鸿远
蒜泥白肉是川菜中著名的冷菜之一。
通常是将肥瘦相连的猪腿肉烫煮、切片后，加上蒜泥、辣椒油等凉拌而成。

3 回锅肉 / 摄影 简盟
在西南地区，无论是大饭店还是苍蝇馆子，回锅肉都是最常见的菜品之一。
由于制作方法便捷、口味出众，它常常被冠以"川菜之首"的名号。

4 宫保鸡丁 / 摄影 谢忱
宫保鸡丁是由清代的丁宝桢所创。因对美食颇有研究，在山东任巡抚之时，
他便将当地的鲁菜"酱爆鸡丁"改为辣炒，后在四川任总督之时将其发扬推广。

烧白

蒜泥白肉

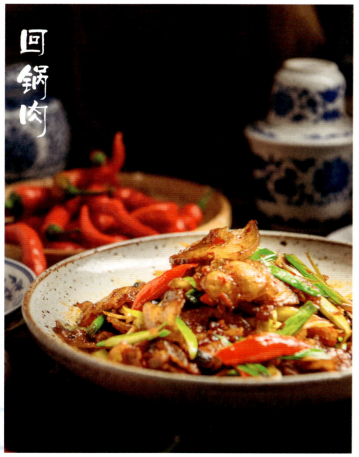

回锅肉

宫保鸡丁

精致的传统菜式固然美味，但平价的火锅与江湖菜却更显"火热"。

19世纪末，被迫开埠的重庆迎来城市的发展。当时，船工、纤夫等劳动者聚集在重庆码头，从事辛苦的体力劳动。他们在繁重的工作上消耗了大量体力，却无钱消费昂贵的新鲜肉类。作为商贸枢纽的重庆是四川盆地的一大牲畜集散地，特别是在近代屠宰业兴盛之后，大量猪牛"下水"成为牲畜屠宰业的副产品。于是，经过小贩的改良，码头的工人们将廉价的牛肉、牛杂等放入锅中烫食，并以辣椒、花椒等大量味道浓烈的调料炒制而成的红油汤底调味，由此形成今日重庆火锅的源头[1]。

时至今日，火锅早已不是一种"码头食物"，而一跃成为重庆美食的一张名片。

漫步重庆街头，时不时能闻见火锅的香气。在锅形上，不仅传统的一口锅、九宫格火锅仍然兴盛，可以拼装不同锅底的鸳鸯锅、子母锅、子母鸳鸯锅等新式锅形也层出不穷。除传统的清汤、红油外，菌菇、番茄等新式汤底为不能吃辣的人提供了选择。

在食材上，毛肚、鸭肠、鹅肠等内脏，以及猪肉、猪脑、牛肉等仍然是主流，特别是毛肚，这是重庆火锅的一大特色食材。早在20世纪40年代，"鲜洁毛肚火锅"就曾成为当时不少饮食店的招牌。在最为热闹的时候，人们甚至可以在咖啡店中支起火锅涮食毛肚。如今，虾滑、耗儿鱼、金针菇等新兴食材广受欢迎，而鱼火锅、海鲜火锅等新式火锅也相继诞生，火锅被人们吃出了更多的花样，"万物皆可涮火锅"也成为重庆火锅最极致、最热辣的召唤。

---

1. 重庆火锅的源头素有争议，此处参考《中国川菜史》一书的观点。

1
―――
2 | 3 | 4

1　重庆火锅 / 摄影 李攀
以"麻辣鲜香"闻名的重庆火锅，几乎是重庆人生活中不可分割的一部分。2021年，重庆火锅在重庆的门店数量就已超过3万家。图片由食光里团队拍摄于蜀英雄火锅店。

2　烫毛肚 / 摄影 王啸
3　烫肉片 / 摄影 李艺爽
4　烫丸子 / 摄影 刘艳晖

1 ｜ 2
3 ｜ 4 ｜ 5

1　火锅之夜 / 摄影　张乐
2　鲜龙井火锅公园 / 摄影　袁晨曦
3　"猪脑壳老火锅" / 摄影　司琪
4　街边吃火锅 / 摄影　孔中翔
5　在南山吃火锅的人们 / 摄影　袁晨曦

重庆火锅

重庆火锅以麻辣著称。由于重庆火锅对辣椒和花椒的用量较大，故而味道浓烈，有强烈的刺激性，常给人独特的味觉体验，同时也对各类食材有着无限的包容。但这种“麻辣”不是毫无节制地添加香料，不会扰乱食材本身的味道。依照重庆火锅的食用传统，从底料的制作到涮菜的技巧，从蘸料的选择到小吃的搭配，重庆火锅都有一套非常讲究的逻辑，这是它得以成为火锅“旗手”的重要原因，也是它作为重庆招牌的秘密所在。

食用指南

锅底 → 锅型 → 涮菜 → 味碟 → 小吃

锅底制作（主要分为三个步骤）

吊汤

用碎牛骨、猪骨等炖制原汤。

煵味

煵炒豆瓣、姜粒、干辣椒等香料。

熬味

将炒好的香料加入原汤，调好底味，熬至浓稠。

锅型

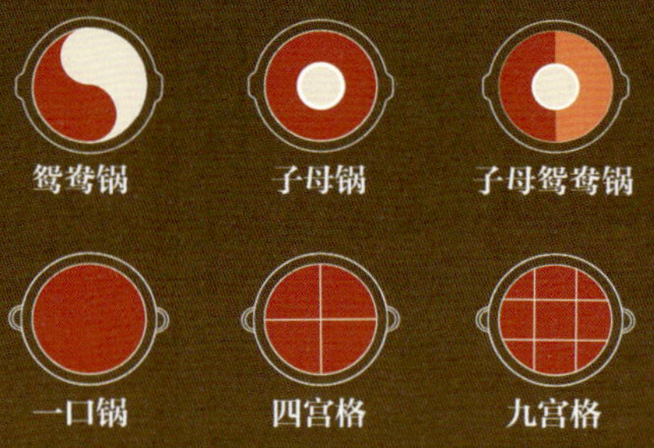

九宫格：锅中共设九格，温度由中心格子向周围格子递减，中心的格子温度最高，最外围的四格温度最低，食客可根据菜品易熟程度分格涮烫。

鸳鸯锅：锅中内置隔板，隔板将锅底均分为两半，食客能够同时享用红汤与清汤锅底。

子母锅：锅中内置隔板，隔板呈同心圆的形状。通常中间的小锅盛清汤，外围盛红汤，这样可满足大部分食辣顾客的需求。

随着重庆火锅逐渐受到人们的青睐，火锅的锅型也更加多样化，能满足更多口味的四宫格、子母鸳鸯锅等锅型相继诞生。

锅底原料

涮菜

在涮菜时，可以参考民间流传的口诀："毛肚鸭肠放最前，七上八下脆又鲜。再下肉类汤味鲜，海鲜蔬菜放中间。带血粉类易浑汤，只好放在最后边。熟食烫透就能吃，厚大生块煮松软。"

图例

耐煮 ━━━ 10分钟
快熟 ━ 60秒

土豆／藕片 3分钟

干贡菜 3分钟

苕粉 5分钟

麻辣牛肉 30秒

猪脑 20分钟

鸭血 10分钟

耗儿鱼 5分钟

鲜黄喉 1分钟

毛肚 10~15秒

鸭肠 15秒

厚切老肉片 10分钟

味碟

干碟 辣椒面和花椒面混合盐、花生碎等其他调味品而成。

油碟 由香油和蒜泥按比例调配而成，可根据喜好加入葱花、香菜等进行调味。

小茴香
桂皮
香叶
青花椒
二荆条
八角
姜

注：仅作示意，不同火锅店底料选择略有差别

小吃

重庆小吃和重庆火锅是黄金搭配。小吃在丰富人们味蕾的同时，还有餐前垫肚、解热镇辣等效果。

醪糟小汤圆
炸酥肉
冰粉
红糖糍粑

"江湖菜"的诞生过程也与火锅有几分相似。改革开放之后，交通运输业的迅速发展让旅客、司机等群体迅速增加，驻扎在国道、高速公路旁的餐馆、饭店生意日渐火爆。这些公路边的店面往往仅凭一种菜品单立门面，相较于传统的筵席菜，这些菜品更偏向使用鸡、鱼等易处理的食材，采用更为粗犷、快速的烹饪技法。由于菜品分量大，麻辣、重油且具有鲜香的口味，深受长途跋涉的司机、旅客的喜爱。这些诞生于民间的新菜式，被人们统称为"江湖菜"。

虽然诞生时间短，但重庆江湖菜中不乏声名远扬的菜品。江湖菜的食材多以鸡肉、鱼肉为主，这与重庆多山多水的地理环境密切相关。歌乐山辣子鸡、李子坝梁山鸡、黔江鸡杂、磁器口毛血旺、渝北翠云水煮鱼、江津酸菜鱼、三溪口豆腐鱼、潼南太安鱼、万州烤鱼、巫溪烤鱼等无不彰显着重庆的地域特色。这些江湖菜是重庆美食中最有活力的部分，它们用最直接的方式、最火爆的口感，让越来越多的人"沉迷"在重庆美食的诱惑之中。

1 | 2

1　水煮肉片 / 摄影　杨鸿远
　　水煮的烹饪方式历史虽久，但到了20世纪七八十年代才开始被广泛利用，水煮肉片便是这种烹饪方式的代表菜。图为水煮肉片的最后一道工序——淋油。
2　水煮鱼 / 摄影　杨鸿远
　　水煮鱼的出现稍晚于水煮肉片，最早流行于重庆渝北区的翠云乡一带。随着其影响力不断扩大，水煮鱼也慢慢能够另立门户，成为一道风靡全国的江湖菜。

291

与直接、豪爽的江湖菜呼应的正是重庆的方言。和江湖菜一样，重庆方言非常直截了当，构词也十分形象生动。比如著名的江湖菜"毛血旺"，"毛"在重庆话中有"随意、马虎"之意，凸显江湖菜"粗""杂"的特点；"血旺"则指凝固的动物血块，概括了主要食材。除此之外，表示扣肉的"烧白"、表示鱼的"鱼摆摆"、表示卷心菜的"包包白"皆可做此类解释，称呼直接、形象。

在重庆人的日常生活中，重庆方言既形象又直接的特点也是处处体现。比如形容摔跤的"跶扑爬"一词，通过对三个动作的描述，一气呵成地概括了摔跤的整个过程："跶"是跌到地上，"扑"是倒下后的状态，而"爬"是倒下后起身的动作。

江湖菜 / 摄影 杨鸿远
所谓"无江湖，不重庆"，江湖菜以其"豪放不羁"之势，刺激着人们的感官，透出重庆人性格的耿直与泼辣，演绎着这片江湖地的嬉笑怒骂、潇洒快活。

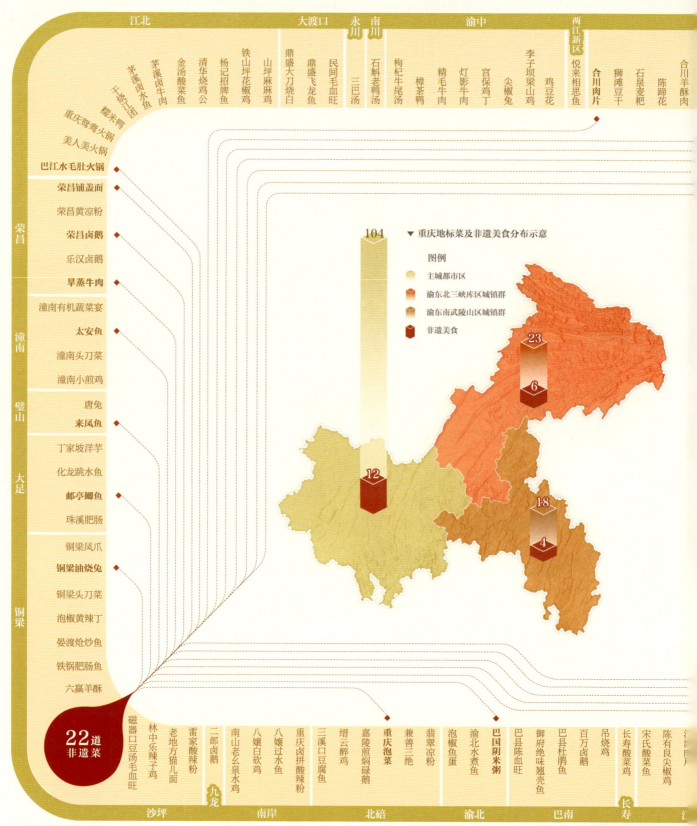

重庆地标菜及非遗美食分布示意

图例

主城都市区
渝东北三峡库区城镇群
渝东南武陵山区城镇群
非遗美食

104

23
6

12

18
4

江北　大渡口　永川　南川　渝中　两江新区

主城都市区

荣昌
潼南
璧山
大足
铜梁

茅溪卤水鱼
茅溪卤牛鱼
千烧土鸡
金汤酸菜鱼
糯米鸭
清华烧鸡公
重庆鹅毒火锅
杨记招牌鱼
美人美火锅
铁山坪花椒鸡
巴江水毛肚火锅
山坪麻麻鸡
荣昌铺盖面
鼎盛大刀烧白
荣昌黄凉粉
鼎盛飞龙鱼
荣昌卤鹅
民间毛血旺
乐汉卤鹅
三巴汤
旱蒸牛肉
石斛老鸭汤
潼南有机蔬菜宴
枸杞牛尾汤
太安鱼
樟茶鸭
潼南头刀菜
精毛牛肉
潼南小煎鸡
灯影牛肉
唐兔
宫保鸡丁
来凤鱼
尖椒兔
丁家坡洋芋
李子坝梁山鸡
化龙跳水鱼
鸡豆花
邮亭鲫鱼
悦来相思鱼
珠溪肥肠
合川肉片
铜梁凤爪
合川羊酥肉
铜梁油烧兔
陈蹄花
铜梁头刀菜
石泉麦粑
泡椒黄辣丁
狮滩豆干
晏渡焓炒鱼
铁锅肥肠鱼
六赢羊酥

22道
非遗菜

磁器口豆汤毛血旺
林中乐辣子鸡
老地方猫儿面
雷家酸辣粉
二郎卤鹅
南山老幺泉水鸡
八孃白砍鸡
八孃过水鱼
重庆卤拼酸辣粉
三溪口豆腐鱼
缙云醉鸡
嘉陵煎焖碌鹅
重庆泡菜
兼善三绝
翡翠凉粉
泡椒鱼蛋
渝北水煮鱼
巴国阴米粥
巴县陈血旺
御府绝味翘壳鱼
巴县杜鹃鱼
百万卤鹅
吊烧鸡
长寿酸菜鱼
宋氏酸菜鱼
陈有良尖椒鸡

九龙　沙坪　南岸　北碚　渝北　巴南　长寿

参考：渝菜标准（第一册），《渝菜标准》编委会编著・重庆：重庆大学出版社，2015年.

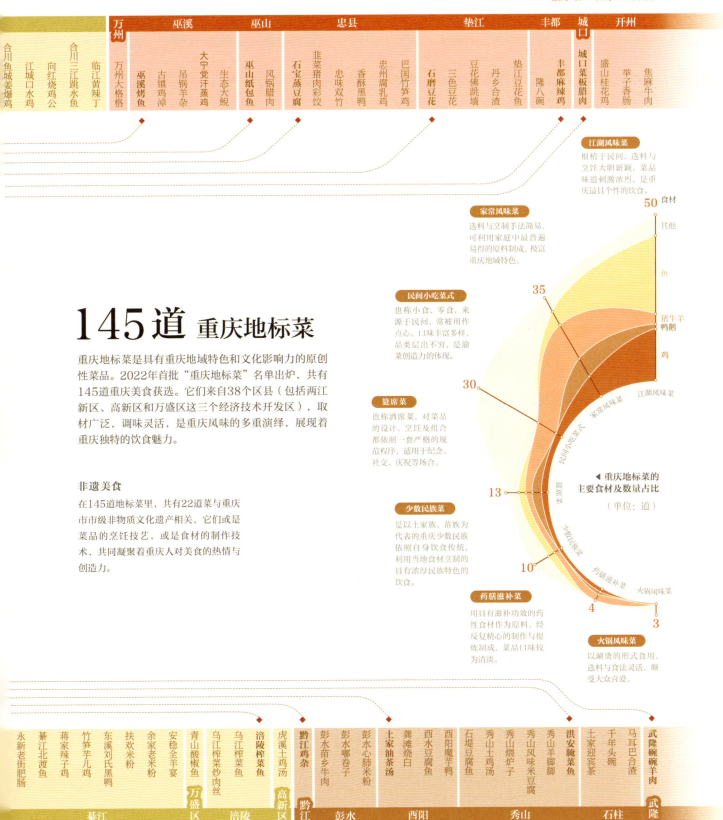

万州 巫溪 巫山 忠县 垫江 丰都 城口 开州

合川鱼城姜爆鸡 / 江城口水鱼 / 向红烧鸡公 / 合川三江跳水鱼丁 / 临江黄辣丁 / 万州大格格 / 巫溪烤鱼 / 古镇鸡淖 / 吊锅羊杂 / 大宁党汗蒸鸡 / 生态大鲵 / 巫山纸包鱼 / 风锅腊肉 / 石宝蒸豆腐 / 韭菜猪肉彩饺 / 忠味双竹 / 香酥黑鸭 / 忠州腐乳鸡 / 巴国竹笋鸡 / 石磨豆花 / 三色豆花 / 豆花佛跳墙 / 丹乡合渣 / 垫江豆花鱼 / 隆八碗 / 丰都麻辣鸡 / 城口菜板腊肉 / 盛山桂花鸡 / 举子香肠 / 焦麻牛肉

145道 重庆地标菜

重庆地标菜是具有重庆地域特色和文化影响力的原创性菜品。2022年首批"重庆地标菜"名单出炉，共有145道重庆美食获选。它们来自38个区县（包括两江新区、高新区和万盛区这三个经济技术开发区），取材广泛，调味灵活，是重庆风味的多重演绎，展现着重庆独特的饮食魅力。

非遗美食

在145道地标菜里，共有22道菜与重庆市市级非物质文化遗产相关，它们或是菜品的烹饪技艺，或是食材的制作技术，共同凝聚着重庆人对美食的热情与创造力。

江湖风味菜
根植于民间，选料与烹饪大胆新颖，菜品味道刺激浓烈，是重庆最具个性的饮食。

家常风味菜
选料与烹制手法简易，可利用家庭中最普遍易得的原料制成，极富重庆地域特色。

民间小吃菜式
也称小食、零食，来源于民间，常被用作点心。口味丰富多样，品类层出不穷，是渝菜创造力的体现。

筵席菜
也称酒席菜，对菜品的设计、烹饪及组合都依照一套严格的规范程序，适用于纪念、社交、庆祝等场合。

少数民族菜
是以土家族、苗族为代表的重庆少数民族依照自身饮食传统，利用当地食材烹制的具有浓厚民族特色的饮食。

药膳滋补菜
用具有滋补功效的药性食材作为原料，经反复精心的制作与提炼制成，菜品口味较为清淡。

火锅风味菜
以涮烫的形式食用，选料与食法灵活，颇受大众喜爱。

◀ **重庆地标菜的主要食材及数量占比**
（单位：道）

50 食材 / 其他 / 鱼 / 猪牛羊鸭鹅 / 鸡
35
30
13
10
4
3

江湖风味菜 / 家常风味菜 / 民间小吃菜式 / 筵席菜 / 少数民族菜 / 药膳滋补菜 / 火锅风味菜

永新老街肥肠 / 綦江北渡鱼 / 蒋家辣子鸡 / 竹笋芋儿鸡 / 东溪刘氏黑鸭 / 扶欢米粉 / 余家老米粉 / 安稳全羊宴 / 青山酸椒鱼 / 乌江榨菜炒肉丝 / 乌江榨菜鱼 / 涪陵榨菜鱼 / 虎溪土鸡汤 / 黔江鸡杂 / 彭水苗乡牛肉 / 彭水嘟卷子 / 彭水心肺米粉 / 土家油茶汤 / 龚滩烧白 / 西水豆腐鱼 / 西阳魔芋鸭 / 石堤豆腐鱼 / 秀山土鸡汤 / 秀山煨炉子 / 秀山风味米豆腐 / 秀山羊脚脚 / 洪安腌菜鱼 / 土家迎宾茶 / 千年头鱼 / 马耳巴合渣 / 武隆碗碗羊肉

綦江 **万盛区** 涪陵 **高新区** 黔江 彭水 西阳 秀山 石柱 武隆

当然，除了这些主菜，重庆琳琅满目的小吃也是必不可少的美食。

重庆小面、酥肉、凤爪、酸辣粉、嘟卷子、熨斗糕、红糖糍粑、冰粉凉虾……这些充斥在街头巷尾、"触手可得"的美味，无不让人垂涎欲滴。

它们既可用作茶余饭后的点缀，也可作为充饥果腹的正餐，凭其类型多样、色味俱全的特点，在重庆美食中独得一席之地。

从传统川菜到火锅、江湖菜与小吃，重庆美食展现出极强的包容性，容纳了四方的酸甜苦辣，重庆成为名副其实的美食江湖。其富有特色的表达方式，串起了重庆的历史文化，也串起了重庆的千家万户，以不同于建筑、交通的亲切姿态，为立体重庆添上了极富温度的一笔。生活的热浪逶迤而来，一幅别样的城市立体画卷正徐徐展开。

"枇杷园"火锅城夜景／摄影 袁晨曦

结语

大山给了重庆桎梏，但也赋予了它模样。江峡相拥、山环水绕，这是一座中国西部平行岭谷间的"鹰飞之城""站在恐龙脊背上的城市"，拥有多处世界自然遗产，创造了大足石刻世界文化遗产，具有三千年建城史[1]、约百年近现代城市建设史。

今天的重庆，绝不止是网红之城。这里包容多元，豪爽耿直热烈。这里大胆前卫，随时突破想象。这里是中国"第四极"成渝城市群的重要极核，中欧班列（渝新欧）、陆海新通道从这里出发，将"一带一路"和长江经济带联结起来。巴山渝水之间、亚欧大陆之上，更有天地人文里的红岩先锋、朝天扬帆、山水情长、陆海胸怀……

重庆就是一座如此不一般的超级大城市！一个新的重庆，还在创造它新的模样！

---

1. 重庆的建城史学者一般将其追溯到西周时期的巴国都城，西周巴国都城一般也都认为在今重庆市渝中区一带。

1929

渝中半岛／供图《永远 朝天门》展览

今日

渝中半岛／摄影 杜缘

1954

落成时的重庆市人民大礼堂 / 供图 重庆市美术公司

今日

重庆市人民大礼堂 / 摄影 陈洁

1980

解放碑 / 摄影 宋明琨

今日

解放碑 / 摄影 张坤琨

1992

长江索道 / 摄影 宋明琨

今日

长江索道 / 摄影 张坤琨

① 湖广会馆
② 东水门长江大桥

2003

江北嘴 / 摄影 刘庆丰

今 日

江北嘴 / 摄影 刘庆丰

① 千厮门嘉陵江大桥
② 重庆大剧院
③ 江北嘴

今日

十八梯／摄影 邱一珂

2008年前后

十八梯／摄影 彭世良

2012

朝天门 / 摄影 贺兴友

今日

朝天门 / 摄影 张坤琨

① 东水门长江大桥
② 来福士
③ 千厮门嘉陵江大桥

而这一切的背后，都离不开千千万万重庆人的拼搏。数千年来，无数人涌入这座城市，是他们突破了地理封锁，在这片山水舞台上挥洒汗水。是他们运用智慧，解锁了自然的禁锢，把重庆打造成一座难以复刻、独一无二的超级都市，成为中国最火爆的人间之一。

在交通茶馆喝茶的人们 / 摄影 陈亮

2023 年 5 月 1 日，千厮门嘉陵江大桥上人潮汹涌 / 摄影 张坤琨

山火中的消防人员 / 摄影 龙帆

图片摄于2022年8月25日，重庆市北碚区歇马街道四号防火隔离带，
救援人员正全力奋战在山火之间。

2022 年，重庆山火使缙云山一时失色。但历经一冬，春雨重新唤醒了草木，阳光照进了森林，生灵再度飞舞，人们熟悉的青山绿水回来了。

不难想象，无论未来面临何种未知的困难与艰险，重庆人就像这山火之后的草木，永葆向上生长的力量，不会失去迎接与化解的信心。这片土地还会创造更多的"奇迹"，正如千百年来他们一直坚持着的：

从雄峙的群山中突围
在激荡的江河里脱险
在崎岖的岭谷间筑城
在喧闹的街市里沸腾

参考文献

专　著

尤中.中国西南的古代民族[M].昆明：云南人民出版社，1980.

苏轼，等.苏轼诗集[M].北京：中华书局，1982.

周勇，等，重庆开埠史[M].重庆：重庆出版社，1983.

四川省社会科学学院，等.大足石刻内容总录[M].成都：四川省社会科学院出版社，1985.

《土家族简史》编写组.土家族简史[M].长沙：湖南人民出版社，1986.

王立显.四川公路交通史[M].成都：四川人民出版社，1989.

王绍荃.四川内河航运史（古、近代部分）[M].成都：四川人民出版社，1989.

《涪陵地区盐业志》编纂委员会.涪陵地区盐业志[M].成都：四川人民出版社，1991.

曹厚德，杨古城.中国佛像艺术[M].北京：中国世界语出版社，1993.

葛剑雄，等.中国移民史.福州：福建人民出版社，1997.

张兴国，谢吾同.教师建筑与规划设计作品集[M].北京：中国建筑工业出版社，1997.

郑永晓.黄庭坚年谱新编[M].北京：社会科学文献出版社，1997.

隗瀛涛，近代重庆城市史[M].成都：四川大学出版社，2001.

水利部长江水利委员会.长江防洪地图集[M].北京：科学出版社，2001.

周勇，重庆抗战史[M].重庆：重庆出版社，2002.

陈潮，陈洪玲.中华人民共和国行政区划沿革地图集[M].北京：中国地图出版社，2003.

黄庭坚，等.黄庭坚诗集注[M].北京：中华书局，2003.

葛剑雄，等.中国人口史[M].上海：复旦大学出版社，2005.

黄光宇.山地城市学原理[M].北京：中国建筑工业出版社，2006.

任桂园.从远古走向现代：长江三峡地区盐业发展史研究[M].成都：巴蜀书社，2006.

季昌化.长江三峡工程[M].北京：长江出版社，2007.

刘少雪.中国大学教育史[M].太原：山西教育出版社，2007.

中国三峡总公司.三峡图志[M].北京：中国三峡出版社，2009.

周勇，重庆读本[M].重庆：重庆出版社，2009.

白九江.重庆地区的新石器文化：以三峡地区为中心[M].成都：巴蜀书社，2010.

国家文物局.中国文物地图集·重庆分册[M].北京：文物出版社，2010.

何智亚.重庆老城[M].重庆：重庆出版社，2010.

《百问三峡》编委会.百问三峡[M].北京：科学普及出版社，2012.

赵逵.“湖广填四川”移民通道上的会馆研究[M].南京：东南大学出版社，2012.

黄晓东，等.重庆抗战遗址遗迹保护研究[M].重庆：重庆出版社，2013.

李禹阶，等.重庆移民史[M].北京：中国社会科学出版社，2013.

重庆湖广会馆管理处.重庆会馆志[M].武汉：长江出版社，2014.

周勇.重庆通史[M].重庆：重庆出版社，2014.

陈蔚，等.重庆古建筑[M].北京：中国建筑工业出版社，2015.

杜甫，等.杜诗详注[M].北京：中华书局，2015.

蓝勇.长江三峡历史地图集[M].北京：星球地图出版社，2015.

陆游，等.陆游全集校注[M].杭州：浙江古籍出版社，2015.

王烨.中国古代碑刻[M].北京：中国商业出版社，2015.

吴松弟，等.中国近代经济地理[M].上海：华东师范大学出版社，2015.

张应鹏.当代中国建筑集成Ⅲ·商业建筑·上[M].南昌：江西科学技术出版社，2015.

周勇，君从何处来[M].重庆：重庆出版社，2015.

刘可琳，等.美食天下：重庆火锅[M].石家庄：河北科学技术出版社，2016.

苏轼，等.苏轼词编年校注[M].北京：中华书局，2016.

周勇，重庆时光[M].重庆：重庆出版社，2016.

白居易，等.白居易诗集校注[M].北京：中华书局，2017.

胡以德，等.地质科普丛书·重庆地质之最[M].重庆：重庆大学出版社，2017.

蓝勇，等.重庆历史地图集[M].北京：星球地图出版社，2017.

何侍昌.涪陵榨菜文化研究[M].北京：新华出版社，2018.

代辉，等.山城龙迹：走进重庆恐龙世界[M].北京：科学出版社，2019.

邓洪平，等.重庆金佛山国家级自然保护区生物多样性[M].北京：科学出版社，2019.

蓝勇.中国川菜史[M].成都：四川文艺出版社，2019.

刘禹锡，等.刘禹锡全集编年校注[M].北京：中华书局，2019.

罗威尔，等.知中·关于火锅的一切！[M].北京：中信出版社，2019.

范成大，等.范成大集[M].北京：中华书局，2020.

胡学文，蔡顺林.重庆火锅制作[M].重庆：重庆大学出版社，2020.

李白，等.李白全集编年笺注[M].北京：中华书局，2020.

刘敏.中国省市区地理·重庆地理[M].北京：北京师范大学出版社，2020.

《经典越千年——重庆地标的诉说》编辑委员会.重庆母城建筑口述丛书[M].重庆：重庆出版社，2021.

陈沂欢，等.地道风物012·火锅[M].北京：北京联合出版公司，2021.

陶灵，等.川江词典[M].重庆：西南大学出版社，2021.

吴景娅，等.重庆传：大江东去唱渝州[M].北京：外文出版社，2023.

论文集

胡素馨.佛教物质文化：寺院财富与世俗供养国际学术研讨会论文集[C].上海：上海书画出版社，2003.

何伟.浅析三峡工程对航运的影响[C]//中国航海学会内河船舶驾驶专业委员会.中国航海学会内河船舶驾驶专业委员会学术年会论文集.中国水运报刊社，2004：155—156.

李向北.重庆洪崖洞传统风貌区保护设计[C]//吴伟.城市特色研究与城市风貌规划.世界华人建筑师协会城市特色学术委员会2007年会论文集.上海：同济大学出版社，2007：70—73.

胡晓玥，戴秋思.沙磁文化线路上的抗战校园建成遗产考探[C]//中国建筑学会建筑史学分会,北京工业大学.2019年中国建筑学会建筑史学分会年会暨学术研讨会论文集（下）.2019:8.

报纸文章

牛英彬，白九江.重庆郁山盐业考古发现与制盐工艺[N].中国文物报，2015-05-22(6).

张晴丹.距今1.69亿年！重庆发现亚洲最古老剑龙[N].中国科学报，2022-03-10(1).

期刊文章

吕炯.巴山夜雨[J].气象学报,1942(1):36—53.

田光炜."湖广填四川"的移民过程[J].四川师院学报(社会科学版),1981(2):79—82.

董其祥.明玉珍建立大夏政权始末[J].重庆师院学报(哲学社会科学版),1983(2):105—109.

朱志澄.中国南方侏罗山式褶皱及其形成机制[J].地球科学,1983(3):43—51.

赵卫邦.中古时期四川的僚族[J].西南民族学院学报(哲学社会科学版),1984(4):44—47.

崔荣昌.四川方言的形成[J].方言,1985(1):6—14.

邓廷良.巴人族源试探[J].南充师院学报(哲学社会科学版),1985(2):69—74.

朱学稳.我国灰岩洞穴次生化学沉积物的沉积类型和形态系统[J].中国地质科学院院报,1987(1):137—142.

蓝勇.中国西南荔枝种植分布的历史考证[J].中国农史,1988(3):68—76.

杨达源.长江三峡的起源与演变[J].南京大学学报(自然科学版),1988(3):466—474.

郭声波.历史时期四川粮食作物的地理分布[J].中国历史地理论丛,1990(3):111—142.

周卫荣.中国古代用锌历史新探[J].自然科学史研究,1991(3):259—266.

周卫荣.我国古代黄铜铸钱考略[J].文物春秋,1991(2):18—24.

罗益章.川盐济楚运道概略[J].盐业史研究,1992(3):57—63.

林成西.清代乾嘉之际四川商业重心的东移[J].清史研究,1994(3):62—69.

农伟雄,关健文.日本侵华战争对中国图书馆事业的破坏[J].抗日战争研究,1994(3):84—101.

朱学稳.芙蓉洞的次生化学沉积物[J].中国岩溶,1994(4):357—368.

蓝勇.清代四川土著和移民分布的地理特征研究[J].中国历史地理论丛,1995(2):141—156+1.

蓝勇.清代西南移民会馆名实与职能研究[J].中国史研究,1996(4):16—26.

黎方银.试论大足宋代石窟的文化基础[J].社会科学研究,1996(1):115—121.

刘正刚.清代四川闽粤移民的农业生产[J].中国经济史研究,1996(4):73—81+156.

宋朗秋.大足石刻分期述论[J].敦煌研究,1996(3):64—75+184-185.

张从正.无电梯高层住宅群设计——重庆市望龙门片区改造规划与设计[J].重庆建筑大学学报,1996(4):56—65.

朱世学.论早期濮文化与巴文化的关系[J].民族论坛,1996(2):85—89.

黄尚军.湖广移民对四川方言形成的影响[J].川东学刊,1997(1):55—58.

笕久美子,王辉斌.李白年谱[J].宝鸡文理学院学报(人文社会科学版),1998(2):19—24+28.

许檀.清代乾隆至道光年间的重庆商业[J].清史研究,1998(3):30—40.

蓝勇.中国饮食辛辣口味的地理分布及其成因研究[J].地理研究,2001(2):229—237.

郭璇.移民社会的缩影——重庆"湖广会馆"文化内涵三题[J].华中建筑,2002(1):71—74.

郭璇.移民社会的缩影——重庆"湖广会馆"文化内涵三题(续)[J].华中建筑,2002(2):97—98.

渝东盐业联合考察队.渝东地区古盐业遗址考察报告[J].盐业史研究,2002(4):34—41.

朱学稳,等.喀斯特天坑略论[J].中国岩溶,2003(1):51—65.

陈纲,戴志中.山地城市街道空间秩序[J].重庆建筑大学学报,2004(5):14—18.

陈伟海,等.重庆奉节天坑地缝喀斯特地质遗迹及发育演化[J].山地学报,2004(1):22—29.

陈伟海,等.重庆武隆喀斯特景观特征及世界自然遗产价值评价[J].中国岩溶,2006(S1):106—112.

戴志中.现代山地建筑接地诠释[J].城市建筑,2006(8):20—24.

段渝.巴人来源的传说与史实[J].历史研究,2006(6):3—18+189.

深圳市华筑工程设计有限公司重庆公司.重庆洪崖洞传统民居风貌区保护工程[J].重庆建筑,2006(10):1—4.

朱学稳.武隆后坪侵蚀型天坑的发现及其科学与旅游价值[J].中国岩溶,2006(S1):93—98.

李伟.土家族摆手舞的文化生态与文化传承[J].中南民族大学学报(人文社会科学版),2007(1):143—146.

孙智彬,等.中坝遗址的盐业考古研究[J].四川文物,2007(1):37—49+102.

张凤琦.论三线建设与重庆城市现代化[J].重庆社会科学,2007(8):79—83.

周先容,等.金佛山自然保护区中国种子植物特有属[J].生态学杂志,2007(1):88—93.

朱学稳,等.武隆喀斯特及其地壳抬升性质解读[J].中国岩溶,2007(2):119—125.

胡召齐,等.川东"侏罗山式"褶皱带形成时代:不整合面的证据[J].地质论评,2009,55(1):32—42.

王天祥.大足北山石刻意义系统的建构与阐释[J].民族艺术，2009(2)：110—115+99.

伍联群.试论历史上的文人入蜀现象[J].青海社会科学，2009(2)：88—93.

郑欣淼.故宫文物南迁及其意义[J].华中师范大学学报（人文社会科学版），2010，49(5)：1—13.

周文德.重庆市政区地名通名初探[J].重庆与世界，2010，27(11)：59—61+69.

胡安徽，卢华语.历史时期武陵山区丹砂产地分布及其变迁[J].中国历史地理论丛，2011，26(4)：35—43.

黄保健.重庆芙蓉洞崩塌作用及其环境效应[J].中国岩溶，2011，30(1)：105—112.

梁勇.清代重庆八省会馆[J].历史档案，2011(2)：56—65+116.

周文德.重庆市政区地名通名再探[J].重庆与世界，2011，28(1)：1—4.

周文德.重庆市政区地名通名三探[J].重庆与世界，2011，28(3)：1—4.

何瑛，邓晓.重庆三峡库区"三线建设"时期的移民及文化研究[J].三峡大学学报（人文社会科学版），2012，34(3)：39—44+57.

潘洵.论抗战大后方战略地位的形成与演变——兼论"抗战大后方"的内涵和外延[J].西南大学学报（社会科学版），2012，38(2)：5—13+173.

周及徐.南路话和湖广话的语音特点——兼论四川两大方言的历史关系[J].语言研究，2012，32(3)：65—77.

白九江，邹后曦.制盐龙灶的特征与演变——以三峡地区为例[J].江汉考古，2013(3)：95—104.

韩余，等.重庆雾气候特征及天气成因分析[J].气象与环境学报，2013，29(6)：116—122.

王学理.秦始皇陵墓中的水银及其来源[J].文博，2013(3)：12—16.

武仙竹，邹后曦.重庆远古人类与旧石器文化[J].江汉考古，2013，128(3)：87—94.

解国爱，等.川东侏罗山式褶皱构造带的物理模拟研究[J].地质学报，2013，87(6)：773—788.

周及徐.从移民史和方言分布看四川方言的历史——兼论"南路话"与"湖广话"的区别[J].语言研究，2013，33(1)：52—59.

白九江.考古学视野下的四川盆地古代制盐技术——以出土遗迹、遗物为中心[J].盐业史研究，2014(3)：15—35.

刘卫国.渝东盐业与古代战争[J].盐业史研究，2014，109(4)：57—65.

周明长.三线建设与中国内地城市发展（1964—1980年）[J].中国经济史研究，2014(1)：142—151.

周训，等.重庆巫溪县宁厂盐泉的形成[J].第四纪研究，2014，34(5)：1036—1043.

李畅，杜春兰.巴渝"九宫十八庙"现象的场所性解析[J].中国园林，2015，31(2)：115—119.

徐有威，陈熙.三线建设对中国工业经济及城市化的影响[J].当代中国史研究，2015，22(4)：81—92+127.

田姝.重庆地区的三线建设及调整改造[J].涪陵史志，2016，89—90(1-2)：3—19.

陈光宇.秦帝国的朱砂水银工业[J].陕西师范大学学报（哲学社会科学版），2017，46(2)：71—81.

唐春生，王飞.青菜头的大产业：民国时期重庆地区榨菜的产与销[J].重庆师范大学学报（哲学社会科学版），2017(2)：57—62.

唐艺窈.浅谈商业建筑的地域性设计策略——以重庆洪崖洞商业街为例[J].建筑与文化，2017(11)：221—223.

魏皓严，郑曦.生猛的白象居——步行基础设施建筑[J].住区，2017(2)：28—39.

岳精柱.清代移民、会馆、重庆都市对巴渝川剧特征的影响[J].重庆师范大学学报（哲学社会科学版），2017(3)：16—21.

郑洪波，等.长江的前世今生[J].中国科学：地球科学，2017，47(4)：385—393.

朱圣钟.春秋战国时期巴国疆域考[J].历史地理，2017(2)：53—74.

白莹莹，张德军，杨世琦，等.川渝地区雾霾时空分布特征及影响因子分析[J].西南师范大学学报（自然科学版），2018，43(11)：112—119.

郭渠，等.重庆地区冬季雾气候变化特征及其成因分析[J].气象与环境学报，2018，34(5)：47—56.

邹鑫.浅谈巴渝传统民居吊脚楼在现代建筑中的运用——以洪崖洞街区改造为例[J].速读·上旬刊，2018(3)：287.

张信宝，刘彧，王世杰，等.黄河、长江的形成演化及贯通时间[J].山地学报，2018，36(5)：661—668.

邵磊.重庆市南岸区四公里、五公里地名源流考[J].长江文明，2019(2)：81—86.

刘俐.跨座式单轨线路特点和规划特色[J].隧道与轨道交通，2019(3)：11—14+58.

王毅，万黎明.三线建设时期重庆地区内迁职工社会生活问题探析[J].当代中国史研究，2019，26(1)：129—137+159—160.

崔东旭.跨座式单轨交通在重庆的适应性分析[J].河南科技，2020，708(10)：94—97.

《大陆桥视野》编辑部.2019年中欧班列开行数据总结分析[J].大陆桥视野，2020(1)：41—43.

陈艳.大宁河流域盐业考古：以汉代盐业考古材料为中心——兼论考古视角下三峡地区女性的主体性[J].南方文物，2020(1)：130—139.

戴晓云.新旧水陆和大足石刻[J].中国美术研究，2020(2)：73—79.

方德贤，等.2008—2016年重庆地区降水时空分布特征[J].大气科学，2020，44(2)：327—340.

王毅.三线建设中重庆地区的工业发展与空间布局[J].重庆交通大学学报（社会科学版），2020，20(4)：71—75.

张勇.区隔与融合：三线建设内迁移民的文化适应及变迁[J].江海学刊，2020(1)：206—216.

朱圣钟.西周巴国疆域考[J].西部史学，2020(1)：41—66.

邹学校，朱凡.辣椒传入中国的途径与传播路径[J].湖南农业大学学报（自然科学版），2020,46(6)：629—640.

《大陆桥视野》编辑部.中欧班列2020全年开行1.24万列同比增长50%[J].大陆桥视野，2021(1)：14.

于帅，王思明.人口迁徙、环境适应与技术改良：辣椒在中国西南地区的传播[J].中国农史，2021，40(2)：27—35.

《大陆桥视野》编辑部.2021年中欧班列开行数据大幅增长[J].大陆桥视野，2022(1)：12—13.

学位论文

冷婕.重庆湖广会馆保护与修复的研究[D].重庆大学，2005.

马继业.宋代城池防御探究[D].山东师范大学，2005.

杜春兰.山地城市景观学研究[D].重庆大学，2006.

赵逵.川盐古道上的传统聚落与建筑研究[D].华中科技大学，2009.

郑南.美洲原产作物的传入及其对中国社会影响问题的研究[D].浙江大学，2010.

陈伟海.重庆武隆喀斯特地质遗迹评价及形成演化研究[D].中国地质大学（北京），2011.

孙杰.竹枝词发展史[D].复旦大学，2013.

郑涛.唐宋四川佛教地理研究[D].西南大学，2013.

袁晓菊.巴渝传统干栏建筑营造特色研究[D].重庆大学，2015.

刘晶晶.重庆吊脚楼建筑与文化研究[D].重庆大学，2016.

罗怡立.抗战时期江津白沙文化区研究[D].重庆师范大学，2016.

舒莺.重庆主城空间历史拓展演进研究[D].西南大学，2016.

龚大兴.四川盆地三叠纪成盐环境、成钾条件及成因机制[D].成都理工大学，2017.

李祖钰.城市轨道交通站点"准综合体"开发及设计研究——以"宅站共建"现象及评价切入[D].重庆大学，2017.

马静玥.重庆白象居建筑群落步行网络形态研究[D].重庆大学，2021.

报　告

中国工程院三峡工程阶段性评估项目组.三峡工程阶段性评估报告·综合卷[R].北京：中国水利水电出版社，2010.

国务院三峡工程建设委员会办公室，国家文物局.长江三峡工程淹没及迁建区文物古迹保护规划报告·综合卷[R].北京：中国三峡出版社，2010.

重庆市规划局，重庆市统计局，重庆市国土资源和房屋管理局，重庆市第一次地理国情普查领导小组办公室.重庆市第一次地理国情普查公报[R]，2017.

重庆机场集团有限公司.重庆机场集团有限公司2021年企业社会责任报告[R].（2022-08-15）https://www.cqa.cn/upfiles/2022-08/20220815171308867001.pdf.

标　准

《渝菜标准》编委会.渝菜标准·第1册[S].重庆：重庆大学出版社，2015.

重庆风味
由此开启——

重庆小面

摄影
张雨菲

重庆小面是重庆的美食名片之一。『小面』原指素面，由碱水面制作，以区别于含荤肉的浇头面。如今，后者也被纳入了『小面』的范畴，『小面』成为代表重庆口味的面条的总称。丰富的调料是小面的灵魂，也赋予了小面师傅大显身手的机会，油辣子、花椒、蒜、姜、胡辣壳……一勺一碗一气呵成，缀上香嫩的葱花、香菜与芝麻，在碗里轻轻搅拌，热气腾腾的小面便呱待人们品尝。筋道的面条吸满浓郁的汤汁，永远能满足重庆人『饕餮』般的胃口，在重庆人的早餐名单上拔得头筹。

油茶汤

摄影
冯大伟

土家油茶汤是土家族的传统小吃，用油茶汤来招待客人也是土家族人的传统礼仪。茶叶的选取与油炸茶叶的火候是油茶汤制作的关键，其精细的制作技艺也被列为重庆市市级非物质文化遗产。此外，油茶汤的食用方法也颇有讲究。由于油茶汤不出气，无法直接通过眼睛观察来判断温度，猛地一口吃下去会有烫嘴的风险，因此在喝油茶汤的时候，得以手托碗，不停转着碗边喝。

熨斗糕

摄影
冯大伟

熨斗糕是重庆的特色小吃，制作工艺较为简单。在米浆里加入鸡蛋、白糖等原料后，倒入刷过油的圆柱形烙碗，置于焦炭火上烙制成形。烙好的熨斗糕表面色泽金黄，外焦里嫩，清香扑鼻，吃起来细腻而富有弹性。熨斗糕是不少重庆人的童年回忆，过去在许多小吃店出售，后逐渐从店面消失，散见于重庆街巷的游摊。其香甜的口味、亲民的价格，始终深受重庆人喜爱。

豆花饭

摄影
杨鸿远

豆花饭是由豆花和米饭组合的『民间便饭』，通常作为正餐食用。豆花以黄豆磨制的豆浆为原料，由卤水点成，口感绵实软嫩，蘸料的样式更是层出不穷，十几种佐料任人调配。尽管人们对配料的喜好各有不同，但收尾的步骤必是『殊途同归』，即为调好的蘸料浇上一勺热油。对重庆人来说，只有听见热油淋下的『滋滋』声，制作调料的工作才算完成，豆花的鲜美才能得到最大程度的激发。一钵豆花，一碟蘸料，一碗大米饭，如此简单的搭配，也能令人们垂涎三尺，吃得大呼过瘾。

冰粉凉虾

摄影
刘斯迈

冰粉凉虾是重庆一道有名的『季节性』小吃。『冰粉』的主要原料为冰粉籽，制作需经手搓、过滤、搅拌、冷藏等多道工序；『凉虾』则由煮熟的米浆制成，米浆经漏勺过滤，由冷水凝固、定型后，外观形如小虾，故名『凉虾』。冰粉凉虾往往和红糖水、刨冰搭配食用，冰凉的口感再添上一剂绝无腻味的甘甜，是重庆夏季街头最受人们欢迎的『祛暑神器』。就着夏夜晚风，邀请三五好友出门散步，食上几碗冰粉凉虾，用重庆话来说，真是『巴适』。不过，冰粉、凉虾也可自成一派，任由食客来选择搭配，右图展示的为红糖凉虾。

油醪糟

摄影
黄 进

油醪糟是涪陵区的传统小吃。醪糟是用糯米酿成的米酿、米酒，油醪糟则是在醪糟中加入黑芝麻、核桃碎等配料后，再用猪油煎炒而成，味道香醇浓厚，营养价值丰富，原是供孕妇和坐月子的妇女食用的。虽名字与配料都离不开『油』，但吃起来却毫无油腻之感，满嘴皆是醪糟与芝麻混合的香味。油醪糟还可作为辅料与其他食物搭配，如图中的油醪糟汤圆，软糯的汤圆佐以黑亮的油醪糟，十分勾人食欲。

万州格格

摄影
冯大伟

传闻万州区的美食有『三绝』：格格、烤鱼、杂酱面。作为三绝之一的格格，初听可能让许多人一头雾水，其实在万州俗语里，格格是『蒸笼』的意思。格格形态小巧，只有巴掌大小，多用竹子编成，可蒸制各种食材。图中便是用格格蒸制好的粉蒸羊肉，也称为『羊肉格格』。在万州，许多经营格格的饭馆都会在门口立一口大蒸锅，十几层的格格如宝塔般叠放在蒸锅上，猛火旺蒸，烟雾缭绕，一派市井热闹气象。

网上电子公告

国家环境保护总局，国家发展和改革委员会. 三峡库区及其上游水污染防治规划（修订本）[EB/OL].（2008-01-31）https://www.mee.gov.cn/gkml/zj/wj/200910/W02008020346209474 6002.pdf.

国家发展改革委，交通运输部. 国家物流枢纽布局和建设规划[EB/OL].（2018-12-25）http://www.gov.cn/xinwen/2018-12/25/5351874/files/bb2d9ae102bd47a58b56e9bfb09499a8.pdf.

国家发展改革委. 西部陆海新通道总体规划[EB/OL].（2019-08-15）http://www.gov.cn/xinwen/2019.08/15/5421375/files/345c17c4bbaf4606ac36f49b149cbaec.pdf.

国家发展改革委. 长江干线过江通道布局规划（2020—2035年）[EB/OL].（2020-03-31）https://www.ndrc.gov.cn/xxgk/zcfb/ghwb/202004/P020200407582034444904.pdf.

重庆市人民政府. 重庆市国民经济和社会发展第十四个五年规划和二〇三五年远景目标纲要[EB/OL].（2021-03-1）https://www.cq.gov.cn/zwgk/zfxxgkzl/fdzdgknr/ghxx/gmjjhshfzgh/202103/t20210301_8953012.html.

中华人民共和国中央人民政府. 第七次全国人口普查公报[EB/OL].（2021-05-11）http://www.gov.cn/guoqing/2021-05/13/content_5606149.htm.

重庆市规划和自然资源局. 重庆市国土空间总体规划2021-2035[EB/OL].（2021-05-27）http://ghzrzyj.cq.gov.cn/zwxx_186/tzgg/202105/P020210527742767409554.pdf.

重庆市人民政府. 重庆市综合交通运输"十四五"规划（2021—2025年）[EB/OL].（2021-10-18）https://www.cq.gov.cn/zwgk/zfxxgkml/szfwj/qtgw/202110/t20211018_9815430.html.

中共重庆市委，重庆市人民政府. 重庆市综合立体交通网规划纲要（2021—2035年）[EB/OL].（2021-10-13）http://cq.gov.cn/zwgk/zfxxgkml/szfwj/qtgw/202110/t20211013_9800569.html.

重庆市人民政府. 重庆市战略性新兴产业发展"十四五"规划（2021—2025年）[EB/OL].（2022-03-18）https://www.cq.gov.cn/zwgk/zfxxgkml/szfwj/qtgw/202203/W020230223636298938786.pdf.

中华人民共和国交通运输部. 全国民用运输机场生产统计公报[EB/OL].（2022-05-18）https://www.mot.gov.cn/tongjishuju/minhang/.

重庆市商务委员会. 2022年重庆市首批获选"重庆地标菜"名单[EB/OL].（2022-09-20）http://sww.cq.gov.cn/zwgk_247/zfxxgkml/tzgg/202209/W020220920521286181661.docx.

重庆市统计局. 十八大以来重庆市工业发展报告[EB/OL].（2022-09-30）https://tjj.cq.gov.cn/zwgk_233/fdzdgknr/tjxx/sjjd_55469/202209/t20220930_11159194.html.

重庆气象局. 重庆高温日数气象统计[EB/OL].（2022-11-02）http://cq.cma.gov.cn/sqxj/qxfw/gwrs/.

重庆市水利局. 水资源概况[EB/OL].（2022-12-14）https://slj.cq.gov.cn/bysx/szygk/202212/t20221214_11389168.html.

重庆市林业局. 重庆市重点保护野生动物名录[EB/OL].（2023-01-17）http://lyj.cq.gov.cn/zwgk_237/zfxxgjml/zcwj/xzgfxwj/202302/t20230203_11565864.html.

重庆市人民政府. 2022年重庆市国民经济和社会发展统计公报[EB/OL].（2023-03-17）https://www.cq.gov.cn/zjcq/sjfb_120853/tjgb/202303/t20230320_11785098.html.

重庆市人民政府第七次全国人口普查领导小组办公室，重庆市统计局. 重庆市人口普查年鉴[M/OL]. 北京：中国统计出版社，2023.（2023-02-14）https://tjj.cq.gov.cn/zwgk_233/tjnj/pc/rkpc/7/indexch.htm.

中国非物质文化遗产网，中国非物质文化遗产数字博物馆. 国家级非物质文化遗产代表性项目名录——石柱土家啰儿调[DB/OL].（最后访问日期：2023-07-03）https://www.ihchina.cn/project_details/12429/.

重庆市自然资源部. 重庆标注地图服务[EB/OL].（最后访问日期：2023-07-12.）http://ghzrzyj.cq.gov.cn/dt/foot.html.